만화로 배우는 AI 인공지능

일러두기
＊이 책의 만화 부분은 일본 만화 순서를 따랐습니다. ①오른쪽에서 왼쪽으로, ②위에서 아래로 읽어주세요.

MANGA DE WAKARU JINKOCHINO

Copyright © 2017 by K. K. Ikeda Shoten
All rights reserved.
Original Japanese edition published by IKEDA Publishing Co., Ltd.
Korean edition published by arrangement with PHP Institute, Inc., Tokyo in care of Japan Uni Agency, Inc. Tokyo through Korea Copyright Center Inc., Seoul.

이 책의 한국어판 저작권은 KCC(㈜한국저작권센타)를 통한 저작권자와의 독점계약으로 비전B&P에 있습니다. 저작권법에 의해 한국 내에서 보호를 받는 저작물이므로 무단전재와 복제를 금합니다.

만화로 배우는 AI 인공지능

AI와 함께 만드는 비즈니스의 미래
우리가 반드시 알아야 할 인공지능의 모든 것!

만화 비즈니스 클래스 ❷

미야케 요이치로 · 전승민 감수 | 비젠 야스노리 그림 | 신은주 옮김

비전코리아

감수의 글

인공지능 활용법을
알기 쉽게 설명한다

과학 전문 기자로 15년 이상 일하며 얻은 큰 교훈이 하나 있다. 미래는 한 가지 기술로만 해석해서는 안 되며, 세계 각국의 다양한 과학기술 연구 흐름을 크게 바라보아야만 어느 정도 사회 변화 방향을 알 수 있다는 점이다. 막연히 좁은 시각으로 기술을 이해하면 미래에 대해 잘못된 우려나 착오를 가질 수 있다.

다가오는 미래를 '4차 산업혁명' 시대라고 정의한다. 인공지능과 로봇기술이 중심이 돼 사회 모습에 커다란 변화가 일어날 전망이다. 감수자는 로봇과 컴퓨터, 인공지능, 첨단 과학기술 등에 대해 또 그 과정에서 전 세계의 다양한 로봇 역시 취재해 국내에 소개한 적이 있다. 간혹 운 좋게 학교나 도서관에서 초청해주면 로봇과 컴퓨터 기술의 미래를 소개하는 '일일 강사'로 나서기도 했다. 좋아하는 '로봇'과 '컴퓨터'라는 주제로 여러 사람들의 이야기를 직접 듣고 이야기를 나누는 것이 저술가로서 적잖은 즐거움이기 때문이다.

그때마다 많은 질문을 받는데 그중에는 놀랄 정도로 예리한 물음도 있고, 또 학생들의 참신한 아이디어가 대단히 큰 감동으로 다가온 적도 많다.

하지만 늘 느끼는 아쉬운 점도 있다. 로봇이나 인공지능, 첨단 기계장치에 대한 대중의 인식이 현실과 정말로 많이 동떨어져 있다는 점이다. 예를 들어 이런 질문이다.

"로봇들이 일자리를 다 빼앗아가면서 인간은 가축으로 전락하는 것이 아닌가요?"
"로봇의 지능이 점점 발전하다가 언젠가 사람을 지배하려고 들면 어떻게 하나요?"
"살인 로봇이 인간에게 반항하고 범죄를 일으키면 어떻게 하지요?"

이런 질문을 받으면 '도대체 어디서부터 오해를 풀어주어야 하나' 싶은 생각이 들어 적잖이 당황스러웠다. 일반 대중뿐 아니라 의외로 지식의 최전선에 사는 과학기술인 중에서도 적잖은 사람이 이런 우려를 표하는 걸 보곤 한다. 예를 들어 누가 보더라도 물리학을 전공하고 우주의 신비를 밝히는 훌륭한 과학자가 로봇과 정보기술에 대해선 다소 기술의 흐름이나 현실감각과 동떨어진 주장을 펼치는 것이다. 인공지능이나 변화에 대해 충분한 이해가 부족한 경우다.

비전코리아가 이번에 출간하는 《만화로 배우는 AI인공지능》은 인공지능의 기본 원리와 활용방법, 또 이런 인공지능을 어떻게 현실의 여러 가지 일에 적용할 수 있는지를 알기 쉽게 엮었다. 만화를 통해 짧은 사례를 제시하고, 그 사례에 대해 전문적인 내용을 직장인들이 알기 쉽게 전해준다. 인공지능에 대한 대중의 막연한 두려움을 해소해주고, 인공지능을 활용해 얼마나 더 행복하고 편리한 미래를 살아갈 수 있는지를 논리적으로 설명해준다.

정서적으로 한국과 비슷한 일본 독자를 대상으로 한 만큼, 일부 표현상의 문제를 제외하면 한국의 학생이나 직장인들에게도 인공지능 시대에 대해 기본 이해를 줄 수 있다. 한 발 더 나아가 인공지능을 적극적으로 활용하며 미래를 살아갈 지식의 기본 토대를 쌓는 데도 적지 않은 도움이 될 것으로 여겨진다.

감수를 보는 내내 적잖이 놀랐다. 이 책을 쓴 저자의 시각이 놀라울 만큼 감수자와 흡사했기 때문이다. 하지만 어찌 보면 당연할 수 있다. 인공지능의 원리와 쓰임새를 차근차근 고민하다 보면 누구나 내릴 수 있는 결론이

비슷하기 때문 아닐까.

 이 한 권의 책이 학생 여러분, 그리고 인공지능에 대해 막연하게 생각했던 직장인에게 로봇과 인공지능, 더 나아가 과학기술에 대한 올바른 미래관과 바른 인식을 가지게 하는 데 조금이나마 도움이 되기를, 또 앞으로 다가올 미래 사회에서 첨단기술과 사회가 서로 어떤 연관을 갖고, 또 어떻게 발전할 수 있는지를 조금 더 넓은 시각으로 바라보며 생각해볼 작은 계기가 되기를 바란다.

감수자
전승민

프롤로그

앞으로 인공지능 사회를 살아갈 사람들에게

이제 우리는 인공지능(AI, Artificial Intelligence)을 빼놓고 이야기할 수 없는 시대에 살게 되었다. 물론 인공지능에 대해서는 아직까지 찬반양론이 팽배하다. 하지만 인공지능을 두려워할 대상이 아니라 앞으로 인간과 함께 살아갈 존재로 받아들여야 한다는 게 대세다.

우리 사회는 점점 더 인공지능에 의존할 것이고, 인공지능은 인간의 지적 작업을 상당 부분 떠맡을 것이다. 역사에서 기계가 인간의 노동을 대신하고 컴퓨터가 정보처리를 담당한 것처럼 인공지능도 그 흐름을 따를 것이다. 결국 인공지능의 도입은 자동화기술(Automation Technology)의 마지막 단계다.

오랫동안 지적 작업은 인간만 할 수 있다고 여겼다. 거기서 인간으로서의 자부심과 정체성을 느꼈다. 그런데 과학이 눈부시게 발전하면서 인공적인 지능이 탄생했다. 이제 더 이상 지적 작업이 인간만의 고유 영역이 아니게 되었다.

인간은 정체성이 무너질까 불안해하고 있다. 물론 인공지능은 인간의 정체성을 흔들 힘을 가지고 있다. 문제는 힘의 크기다. 인공지능은 아직 인

간의 정체성을 강하게 흔들 능력을 갖고 있지 않다.

인공지능에 대해 불안한 생각이 들 때면 두 가지만 기억하길 바란다.

"인공지능은 인간이 정한 문제에 대해서만 지적 작업을 할 수 있다."
"인공지능은 스스로 문제를 만들 수 없다."

바꾸어 이야기하면 앞으로 인간은 인공지능에게 문제 영역을 정해주고 작업을 맡기는 식으로 일을 할 것이다. 당연히 인간의 정체성도 이 방향으로 중심이 옮겨간다. 그렇게 되면 지금까지 컴퓨터를 사용한 것처럼 인공지능의 활용도 중요해진다.

인공지능을 제대로 활용하려면, 먼저 인공지능으로 무엇을 할 수 있는지부터 알아야 한다. 그다음 인공지능으로 해결 가능한 문제를 정해야 한다. '인공지능에게 무엇을 시키면 좋을까' 생각하면서 이 책을 가볍게 읽어보기를 권한다. 만화에 등장하는 직장인 사이타 세지와 학생 곤토 유타는 선입관 없이 열린 마음으로 인공지능을 대한다. 놀라기도 하고 고민하기

도 하면서 서서히 인공지능과 인간의 거리감을 좁혀간다.

 이 책을 읽으면 좀 더 일찍 인공지능이 있는 미래를 체험할 수 있다. 당연히 미래를 살아가고 비지니스를 하는 데 필요한 감각을 몸으로 익힐 수 있다.

 만화 다음에는 인공지능에 대해 보충 설명을 담았다. 전문적인 지식을 이렇게 알기 쉽게 해설하는 책은 드물다. 무엇보다도 이 책은 인공지능의 본질을 꿰뚫어보고 있다. 이처럼 좋은 책을 모든 사람에게 전할 수 있어 기쁘게 생각한다.

감수자
미야케 요이치로

만화 줄거리와 등장인물

직장인 세지는 어느 날 부장님한테 인공지능(AI) 로봇 초퍼를 새로운 프로젝트에 투입해보려 한다며 활용법을 구상해보라는 지시를 받는다. 기계를 잘 다루지 못하는 문과 출신 세지는 '도대체 인공지능이란 무엇이며 어떻게 활용하라는 말인가?'라며 머리를 싸매게 된다. 그러다 조카인 유타의 소개로 인공지능 연구자 교코와 만난다. 세지는 그냥 초퍼 활용법만 들으려고 했는데 인공지능 전문가인 교코는 기초부터 가르쳐주는데….
과연 세지는 무사히 부장님의 지시를 잘 수행해 인공지능과 친해질 수 있을까?

등장인물

사이타 세지
회사원. 컴퓨터, 기계에 약한 뼛속부터 문과 남자. 상사에게 AI 로봇 초퍼 활용법을 연구해보라는 지시를 받았다. '도대체 인공지능이란 무엇인가'라고 머리를 싸매며 고민하고 있다.

미즈노 교코
소프트웨어 대기업에 근무하는 AI 연구자. 어린 나이에 박사학위를 취득한 천재. 어떤 것에 몰두하면 시간 가는 것도 잊어버려 생활이 불규칙하다. 유타네 옆집에 살고 있다.

곤토 유타
세지의 조카(세지의 누나 아들). 부모님이 함께 장사를 해서 휴일이면 세지의 집에 와 있는 일이 많다. 시원시원한 성격으로 세지와 교코를 잘 따른다. 게임을 좋아하고 컴퓨터와 프로그램을 어려워하지 않는 AI 네이티브 세대다.

초퍼
모 IT 기업이 발매한 멀티 어드바이저 로봇. 웹 접속형으로 모든 종류의 질문에 대답을 할 수 있다. e메일 송수신과 스케줄 관리 등 비서 기능도 갖추고 있으며 사용자의 감정도 읽는다.

차례

감수의 글 _ 인공지능 활용법을 알기 쉽게 설명한다 006
프롤로그 _ 앞으로 인공지능 사회를 살아갈 사람들에게 008
만화 줄거리와 등장인물 011
만화 인공지능 로봇 초퍼 작동! 012

0 인공지능이란 무엇인가

만화 무엇을 지능이라고 부르는가, 그것이 문제로다 028
Check Point
    게임으로 이미 인공지능을 마주하고 있다 034
    무엇을 인공지능이라고 부르는가 036
    도대체 '지능'이란 무엇인가 039
    • **칼럼 1** 플레이어를 상대해주는 세 종류의 게임AI 041

1 인공지능은 어떻게 생겨났는가

만화 인공지능 탄생의 서막 045

1분이면 알 수 있다　인공지능은 어떻게 태어났는가 052
Check Point
'컴퓨터' × '뇌 신경구조'로 똑똑한 기계를 만든다 054
인공지능을 생각해낸 두 명의 천재 056

1분이면 알 수 있다　어떤 방법으로 인공지능을 만드는가 058
Check Point
기호주의는 인간의 사고를 매뉴얼화한다 060
연결주의는 뇌의 구조를 재현한다 062
초기 연구는 이미 성과를 거두었다 064

만화 여기에도 벽, 저기에도 벽, 어떻게 하지 인공지능? 066

1분이면 알 수 있다　최초의 인공지능이 직면한 한계 072
Check Point
지능이 있는지 어떻게 판단하는가 074
약한 AI와 강한 AI 대 특화AI와 범용AI 077
모라벡의 역설과 인공지능 1차 붐의 한계 079

• **칼럼 2** 게임 인공지능(AI) 개발로 보는 일본과 서양의 차이 082

2 어떻게 하면 인공지능이 성장하는가

만화 인공지능 지식을 얻다 086

  1분이면 알 수 있다 인공지능이 활약하려면 무엇이 필요한가 092
Check Point
  인공지능에게 정보의 연결, 지식을 가르친다 094
  인공지능은 어떻게 지식을 저장하는가 096
  전문가와 똑같은 지식을 인공지능에게 주었다 098

만화 인공지능은 스스로 학습하는 엄청난 녀석 100

  1분이면 알 수 있다 인공지능을 성장시키는 기계학습 106
Check Point
  인공지능 학습방법은 지도학습과 비지도학습 108
  성공하면 보상, '강화학습'으로 레벨 업 110
  '여러 개의 뇌'로 능력의 폭을 넓혔다 112
  인공지능의 실용성은 어디까지 왔는가 114
  • **칼럼 3** 일본이 인공지능 활용의 모델 사례가 된다? 116

3 인공지능은 인간을 초월하기 시작했다

만화 인공지능이 눈과 귀를 손에 넣었다!? 120

1분이면 알 수 있다   인터넷이 인공지능의 혁신을 가져왔다 128

Check Point

인터넷이 등장해 기계학습을 크게 바꾸었다 130

엄청난 양의 정보에서도 가치 있는 것을 찾는다 133

정보력과 계산능력에서 인간을 뛰어넘다 136

1분이면 알 수 있다   딥러닝이란 무엇인가 138

Check Point

세계에 충격을 준 딥러닝의 등장 140

보고 듣는 감각적인 업무도 할 수 있다 143

'뛰어난 행동'의 특징도 인식할 수 있다 146

만화 인간은 이제 인공지능을 이길 수 없는가 148

1분이면 알 수 있다   딥러닝으로 인공지능이 대활약 156

Check Point

영상, 음석 인식능력은 이미 인간을 넘어섰다 158

인공지능은 인간을 이기는 게 목적이 아니다 160

인공지능이 인간을 감동시키는 날이 온다 162

인공지능이 예언자가 되었다 164

1분이면 알 수 있다   대화 인공지능은 어떻게 만들어졌는가 166

Check Point

인간과 자연스럽게 대화하는 인공지능 168

인공지능은 인간과 다른 방식으로 말을 배운다 170

인공지능이 인간의 파트너가 된다? 173

• **칼럼 4** 인공지능과 함께 성장하는 AI 네이티브 세대 176

4 인공지능은 사회를 어떻게 바꿀까

만화 인공지능은 벌써 인간의 손을 떠나서 성장하기 시작했다 180

    1분이면 알 수 있다   인공지능이 바꾸어가는 미래 188

Check Point

    IoT와 클라우드로 더 진화한다 190

    인공지능을 잘 활용하는 사람이 비즈니스에서 성공한다 192

    매일 매일의 생활을 지탱해주는 인공지능 194

    1분이면 알 수 있다   인공지능이 가져올 '좋은 일'과 '걱정' 196

Check Point

    인공지능으로 모든 것이 편리해진다 198

    사회 곳곳에서 인공지능이 활약하는 미래 200

    인공지능이 늘어나면 인간은 필요 없다? 202

    결국 인공지능이 인간을 지배하는가 204

    싱귤레러티란 무엇인가 206

    • **칼럼 5** 바둑부터 전략게임까지 인공지능의 새로운 도전은 계속된다 208

5 우리와 인공지능의 미래를 살펴본다

만화 우리가 할 수 있는 것/인공지능이 할 수 있는 것 212

   1분이면 알 수 있다   다시 한 번 차이를 생각해보자 220

Check Point

   넓고 얕은 인간과 좁고 깊은 인공지능 222

   오해가 생기지 않도록 인공지능 다루기 224

   인간과 인공지능은 어떻게 살아야 하는가 226

   1분이면 알 수 있다   인공지능과 우리의 미래를 상상해본다 228

Check Point

   인공지능과 함께하는 가까운 미래를 생각해보자 230

   대리에이전트에서 빼놓을 수 없는 파트너로 232

에필로그 _ 인공지능과 함께하는 미래 234

0
인공지능이란 무엇인가

우리는 이미 청소 로봇과 스마트 스피커, 감정인식 로봇 같은
다양한 인공지능 기술을 일상생활에서 접하고 있다.
인공지능은 '기계가 가진 지능'을 의미한다.
그렇다면 도대체 지능이란 무엇인가?
간단하게 대답할 수 있는 질문처럼 보이지만
사실은 여러 의미가 복합되어 있으므로 차근차근 생각해보자.

아니, 완전 바보네요. 바로 앞바위 뒤에 숨었는데 발견을 못하잖아요….

어때? 지능이 있는 것처럼 느껴지니?

이 적 캐릭터가 할 수 있는 일은

① 상대의 존재를 발견하기 위해 일정 범위 내에서 돌아다닌다
② 상대편 장비를 보고 약점을 알아채어 집중 공략한다
③ 때때로 상대편의 공격을 피한다

이 세 가지 뿐이지.

인공지능이라는 이미지랑 다르지?

네, 그렇지만 오히려 인공지능을 알겠다는 생각도 들어요.

그런 장치가 있는 것은 의외로 우리 주위에 많아요.

하긴, 동물도 인간의 말에 반응하면 똑똑하다고 느끼기는 하죠.

내 행동에 반응한다고 생각하면 똑똑하다고 느껴지는 거죠.

이 세 가지 실행만으로도 '지능이 있다'고 생각하게 만든다고요?

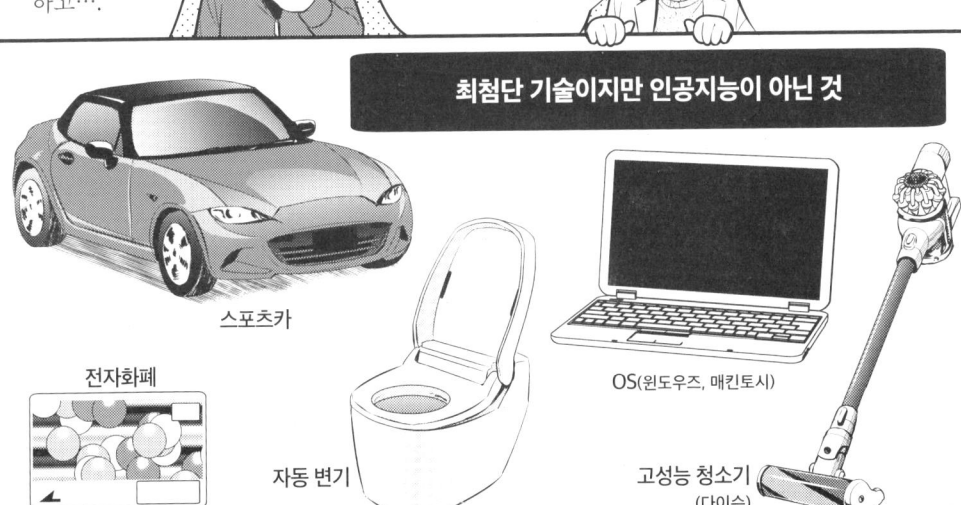

학습능력

인식능력

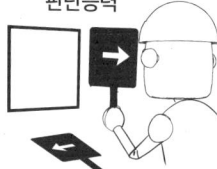
판단능력

기계가 스스로 사물을 '배우고' '인식하고' '판단하는' 능력이 있는지 없는지로 구별하는 거죠.

인공지능의 조건은 다음의 세 가지 기준을 들 수 있어요.

촌스럽게 점으로 된 그래픽이지만 플레이어의 생각을 먼저 읽고 행동하는 캐릭터가 있다면…

예를 들어 화려하고 생동감 있는 CG로 만든 디자인인데 말도 행동도 한 가지 패턴인 캐릭터와

용자가 은의 검으로 찔렀다. 10,000데미지!
"감히 이 건방진 녀석!"
용자가 하늘의 검으로 베었다. 10,000데미지!
"감히 이 건방진 녀석!"

그렇죠? 결국 소프트웨어의 차이. 겉보기로만 판단해서는 안 돼요.

그거야 당연히 이쪽이죠.

어디 쪽이 지능이 있어 보이겠어요?

어, 진짜 그래요?

그렇지만 사실 무엇을 인공지능이라고 부를지는 연구자들 사이에서도 아직 이견이 많아요.

CHECK POINT

게임으로 이미 인공지능을 마주하고 있다

인공지능(AI)이라는 말을 들으면 무엇이 떠오르는가? 인간 같은 영화 속 로봇이나 시리(Siri, 비서형 인공지능)와 구글 어시스턴트(Google Assistant, 대화형 인공지능)처럼 지금 실제 사용되는 서비스가 생각날 수 있다. 그런데 예전부터 게임에서 플레이어를 돕거나 또는 적이 되는 캐릭터를 통해 우리는 자연스럽게 인공지능을 접해왔다. 분명 최근에는 진짜 지능이 있는 것처럼 행동하는 **게임 인공지능**도 있다.

그러나 그냥 둥실둥실 떠돌아다니는 '장애물' 캐릭터나 플레이어를 쫓아가다가 금방 벽에 부딪히는 캐릭터를 보고 지능이 있다고 느끼지는 않는다. 이처럼 **게임 인공지능 장치는 매우 다양하지만 공통적으로 '플레이어를 쓰러뜨린다' '플레이어에게서 도망간다' '플레이어를 돕는다' 등의 어떤 의도가 있는 것처럼 행동하는 특징이 있다.**

인공지능은 지적인(지능이 있는) **것처럼 보이는 장치가 있는지 아닌지가 중요하다.** 그 점에서 볼 때 게임 캐릭터는 예전부터 우리 주변에 있던 인공지능이라 할 수 있다.

게임AI로 보는 인공지능 진화

게임AI에는 지능이 있는 것처럼 보이는 장치가 많다. 아래처럼 게임AI는 조금씩 진화했다.

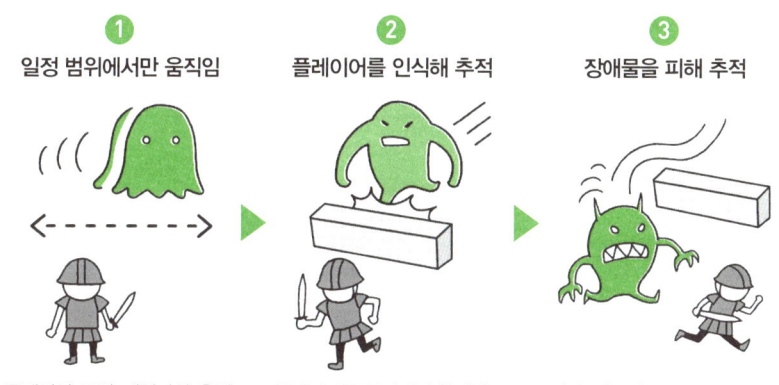

① 일정 범위에서만 움직임
플레이어 조작 캐릭터의 움직임과 관계없이 일정한 범위 안에서 오로지 한 동작만 한다

② 플레이어를 인식해 추적
플레이어를 발견하면 추적하도록 만든 적 캐릭터. 그러나 간단한 장애물에도 쉽게 속아 넘어간다

③ 장애물을 피해 추적
장애물을 인식하고 또 추적할 수 있는 적 캐릭터. ①, ②와 비교하면 지능이 꽤 높아졌다

AI 이야기

비조작 게임 캐릭터를 왜 인공지능이라고 부르는가

플레이어가 조작하지 않는 게임 캐릭터도 이렇게 부르는 이유는 기존 인공지능 연구에서 게임을 사용했기 때문이다. 초기에는 체스나 고전 퍼즐게임에서 인간과 대결하는 인공지능을 개발했다. 거기에서 발전해 일반 비디오 게임이 등장할 즈음 플레이어와 대적하는 캐릭터를 총칭해 인공지능이라고 불렀다. 그 때문에 인공지능 기술을 사용하지 않는 게임도 관습적으로 인공지능이라고 부른다.

하지만 대다수 게임 캐릭터에는 어느 정도 '지능이 있는 것처럼 보이는 장치'가 있다. 게임 캐릭터의 행동을 보고 '지능이 있다'고 느낀다면 인공지능이다.

CHECK POINT

무엇을 인공지능이라고 부르는가

실제로는 선긋기가 애매하다. 현재는 청소 로봇(룸바)과 대화 로봇(린나), 감정인식 로봇(페퍼), 바둑·장기AI(알파고/보난자), 스마트 스피커(아마존 알렉사), 자율주행차 등 다양한 인공지능이 실용화되었다.

청소 로봇은 장애물을 인식해 피해 다니고, 청소를 마치면 스스로 충전 지점으로 돌아간다. **마치 인간이 일을 하러 나갔다가 집으로 돌아가는 모습과 같아 더 지적으로 보인다.** 그런데 청소 로봇보다 몇 배나 강한 흡인력과 최첨단 디자인을 자랑하는 청소기도 있다. 그렇지만 '고성능' '최첨단' '앞선 것'이라는 키워드와 인공지능은 관계가 없다. 자동문처럼 알아서 열리는 기계도 인공지능이라 할 수 없다.

인공지능인지 아닌지 판단하는 건 매우 어려운 문제다. 원래 인공지능은 '인간과 똑같은 지능을 기계로 재현하는 것'이기에 **인간이 보았을 때 지능이 있다고 느끼면 인공지능이라고 불러도 좋다.** 그러나 이런 식이면 인간이 느끼는 방법이 각자 다르기 때문에 애매해진다.

다른 기준으로 학습능력, 인식능력, 판단능력의 유무를 들기도 한다. **기**

우리 주변에 있는 다양한 인공지능

최근 인공지능의 실용화로 다양한 상품이나 서비스에 인공지능 기술이 사용된다.

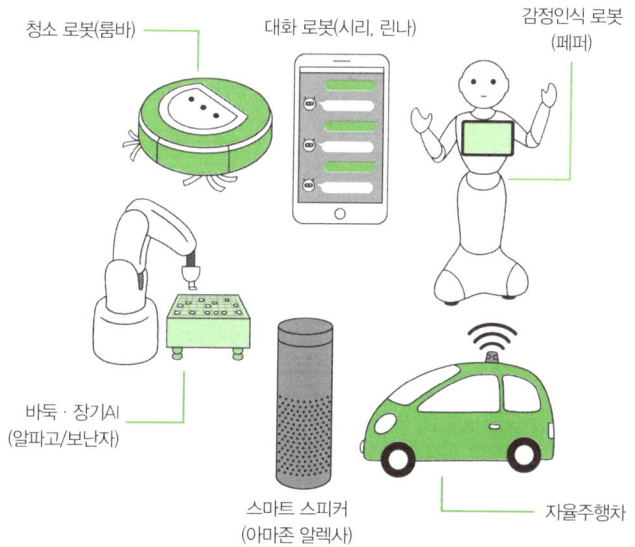

계가 스스로 배우고 인식하고 판단하는 능력이 있는지 없는지로 인공지능을 가린다. 다만 이 경우 컴퓨터와 스마트폰에 있는 '추측 변환'이나 '오자 수정' 등의 기능도 인공지능에 포함되므로 사람들이 느끼는 일반 정서와 일치하지 않는다. 실제로 인공지능의 정의는 연구자 사이에서도 서로 의견이 다른, 굉장히 어려운 문제다.

무엇을 인공지능이라고 부르는가

기준 ① 지능이 있는 것처럼 보인다

지능이 있는 것처럼 보이거나 지능을 의식하고 만들었다면 인공지능

문제점
- 인간의 감각에 의존하기 때문에 기준이 애매해진다
- 생각보다 똑똑하지 않다면 지능이 있다고 볼 수 없다

기준 ② 학습·인식·판단 능력이 있다

기계가 스스로 배우고 인식하고 판단하는 능력이 있으면 인공지능

문제점
- '추측 변환'이나 '오자 수정'도 인공지능에 포함된다
- 단순한 사양의 게임AI는 인공지능에 포함되지 않는다

CHECK POINT

도대체 '지능'이란 무엇인가

인공지능(AI)은 '기계가 가진 지능'이다. 그렇다면 '지능'이란 무엇인가? 예를 들어 게임AI 캐릭터가 어떤 행동을 하면 지능이 있다고 하는가?

먼저 대화로 지능을 확인하는 방법이 있다. 사람들도 대화를 하다 보면 '이 사람 머리 좋네'라고 느낄 수 있다. 마찬가지로 대화 기능을 통해 지적 인지를 판단한다. **인간다운 대화가 가능하면 지능이 있다고 판단할 수 있다.** 대화 기능이 없다면 움직임을 보고 판단한다. **게임에서 플레이어의 움직임에 합리적으로 대응할 수 있다면 지능이 있다고 할 수 있다.**

최근 AI는 대화도 하고 인간처럼 정교하게 게임도 할 수 있다. 고도로 진화한 인공지능이 게임이라는 제한 환경에서 인간처럼 이야기하고 움직인다면 우리는 인간과 인공지능을 구별하기 힘들다. **인공지능은 게임처럼 한정된 세계에서 이미 인간과 같은 지능을 갖고 있다.**

그러나 현실세계에서는 인공지능이 부분적으로 인간을 초월할 수는 있지만 종합적으로는 아직 인간에게 미치지 못한다. 인공지능의 지능은 도대체 무엇인가?

인공지능은 인간처럼 지능을 갖고 있다

인간은 말과 일(게임 플레이)을 지능의 기준으로 삼는데 이미 이 둘을 잘하는 인공지능이 등장했다.

게임AI 지능

채팅을 통해 인간과 능숙하게 대화 가능 → 사람처럼 일상 대화를 할 수 있다

플레이어의 행동을 보고 대응하고 일부러 인간다운 평범한 실수도 연출 → 인간의 일을 대체할 수 있다

게임세계에서는 이미 인간만큼의 지능을 재현할 수 있다

현실세계에서도 비슷한 일을 할 수 있다

AI 이야기

상황이나 비교 방법에 따라 지능의 유무는 변한다

행동이 제한되는 게임세계에서는 플레이어가 '이 녀석은 지능이 있다'라고 생각하게 만드는 상황을 간단하게 구현할 수 있다. 그러나 일상 지능과 게임 지능은 완전히 다르다. 인간지능의 장점은 무엇보다 '범용성'이다. 범용성은 여러 가지 것을 수행하고 다양한 상황에 대응할 수 있다는 의미다. 그러나 인공지능은 특정 환경에 강한 '특화형'이 대부분이다. 게임AI도 게임 환경에 강한 '특화형'이다. 특화형은 예상하지 못한 상황에는 약하다. 이 때문에 인공지능이 불완전하다고 보는 사람도 있다. 이렇게 생각해보면 '지능'이라는 말은 상당히 막연하고 간단하게 정의할 수 없음을 알 수 있다.

COLUMN 1

플레이어를 상대해주는 세 종류의 게임AI

한 세대 전에 처음으로 인공지능을 만났던 곳은 게임이었다. 인공지능이 실용 수준까지 이른 것은 극히 최근의 일이고 그전까지는 '놀이'로 사용되는 게임AI와 '챗봇(1966년 등장한 엘리자는 챗봇의 선두주자로 능숙하게 매뉴얼에 따라 대화를 했다)'으로만 인공지능을 접할 수 있었다. 게임AI는 '캐릭터AI' '내비게이션AI' '메타AI'의 셋으로 나뉜다.

캐릭터AI는 우리가 직접 상대하는 '친구'와 '적' 캐릭터를 움직인다. 플레이어의 행동에 맞춰 어느 정도 자율적으로 활동하며 플레이어는 그 AI의 행동을 보고 우왕좌왕한다. 캐릭터AI가 플레이어의 반응에 맞춰 행동을 바꾸기 때문에 그것만으로도 게임이 성립한다.

내비게이션AI는 지형이나 환경을 인식하고 위치 정보와 최단거리 정보를 다른 AI에게 보낸다. 캐릭터AI가 최단거리로 플레이어를 쫓아가고 장애물을 피하며 이동하기 위해서는 내비게이션AI가 꼭 필요하다.

메타AI는 게임 마스터와 같은 존재다. 캐릭터AI와 내비게이션AI가 보내오는 정보와 플레이어의 상황을 보고 캐릭터AI에게 지시를 내린다. 예를 들어 플레이어가 특정 장소에 가니 적 AI가 대량으로 나타나 위기에 빠졌다고 하자. 이때 친구 캐릭터AI가 도와줄 수 있다. 게임이 적당한 균형을 유지할 수 있는 것은 메타AI가 작용한 결과다. 플레이어가 게임을 즐길 수 있도록 해준다.

1

인공지능은 어떻게 생겨났는가

'인간처럼 똑똑한 기계를 만들자.'

이 생각에서 모든 것이 시작되었다.

처음에는 구현 방법이 없었기에 이론만 모색했다.

그렇지만 지금처럼 성능 좋은 컴퓨터가 없던 시대부터

많은 연구자가 시행착오를 반복하면서 열정을 쏟아부었고

하나씩 성과를 만들어냈다.

뇌의 신경세포(뉴런)

후후, 그래서 만든 것이 바로 인공뉴런.

인공뉴런

뇌의 신경세포를 인공적으로 만들었다니….

대단~

인간의 뉴런처럼 여러 개의 입력층에서 얻은 정보를 처리하고 출력층으로 내보내는 구조랍니다.

실제로 많은 연구자들이 그렇게 생각했죠.

왠지 완전한 인공지능이 가능할 것 같은 느낌이 듭니다!

누구…?

톡톡톡

그리고 인공지능의 기초이론을 세워 연구자들에게 엄청난 영향을 준 두 명의 인물이 있어요.

노이만형 컴퓨터
현대 컴퓨터의 원형으로 컴퓨터와 스마트폰, 태블릿 등은 모두 노이만형으로 작동한다.

노이만형 컴퓨터를 설계한 세계적인 천재 존 폰 노이만

튜링 머신
명령을 쓴 하나의 테이프를 읽게 해 작동시키는, 프로그램의 원형이다.

튜링 머신을 개발한 영국의 수학자 앨런 튜링

완전 아이돌급 이구만.

오오, 정말요?

역시 럿대!

놀랍게도 두 사람은 범용컴퓨터가 탄생하기 이전에 이런 성과를 발표했다구요.

당시 인공지능 연구의 1인자들이 한장소에 모여 처음으로 회의를 했고, 여기에서 '인공지능(AI)'이라는 말을 사용했죠.

두 사람이 기초이론을 확립한 이후 컴퓨터가 등장하면서 다트머스 회의가 열려요.

기호주의와 연결주의

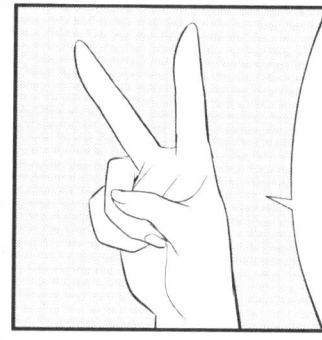
따라서 다양한 성과가 연구자들 사이에 공유되었고 두 가지 큰 흐름이 생겨났어요.

논리파인 기호주의는 무엇보다도 논리가 중요. 'A라면 B 한다' 'C를 보면 D 한다'처럼 기계에 매뉴얼을 부여하는 식으로 인공지능을 만드는 것.

논리파와 감각파 ….

이는 문제를 논리적으로 해결할지 감각적으로 해결할지로 나뉘어요.

논리파 **기호주의**
감각파 **연결주의**

인간과 체스를 하거나 퍼즐을 풀거나 심지어는 인간과 대화할 수 있는 것까지 등장할 정도지.

대화도!?

그래, 그러니까 기호주의 접근법은 초기 단계부터 성과를 올렸어.

그렇게 간단해요?

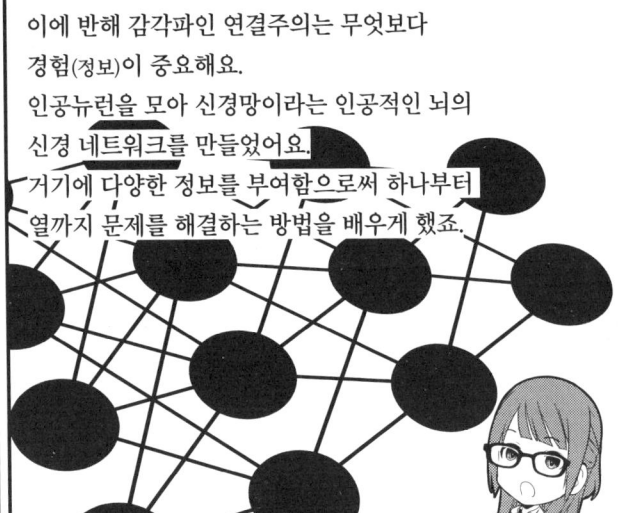

1분이면 알 수 있다

인공지능은 어떻게 태어났는가

인공지능 탄생의 비화

때는 20세기 중반

'인간처럼 똑똑한 기계'를 만들어내기 위한 것이 연구의 시작

그렇지만 처음에는 그것을 실현하기 위한 이론도 방법도 없었다…

그럼 어떻게 생겨났을까?

54쪽 참조

\ 계기 1 /
컴퓨터 등장

인간이 규칙을 만들어 인간의 복잡한 사고를 기계에 전달할 수 있게 되었다

\ 계기 2 /
뇌 신경세포 기능 발견

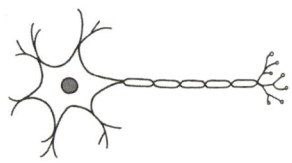

신경세포가 컴퓨터와 닮았다는 것을 알았고 뇌를 재현할 가능성이 생겼다

이론상으로 작지만 희망이 보였다!

그 이론을 어떤 식으로 실현시켰는가

주요 주제는…

컴퓨터가 인간의 법칙을 이해하는 것,
인간의 뇌처럼 정보를 전달할 것

여기에는 고도로 복잡한 계산 처리 기능이 필요하다!

따라서 생각해낸 것이…

56쪽 참조

프로그램의 원조

튜링 머신

하나의 테이프에 인간이 명령(규칙)을 쓰고 기계가 그것을 실행하도록 한다. 이런 식으로 기계가 수학적 문제를 해결한다. 프로그램으로 정보처리를 하는 기초이론이 되었다.

56쪽 참조

컴퓨터 원형

노이만형 컴퓨터

프로그램을 데이터로 기억하고 그 데이터를 순서대로 읽고 실행하는 컴퓨터. 지금의 범용컴퓨터의 원형이다.

55쪽 참조

뇌 신경세포 재현!

인공뉴런

인간 뇌의 신경세포를 모방해 만든 인공적인 뉴런. 여러 개의 입력층에서 받아들인 정보를 처리하고 출력층으로 내보낸다.

그리하여

다트머스 회의 개최!

CHECK POINT

'컴퓨터' × '뇌 신경구조'로 똑똑한 기계를 만든다

'인간처럼 똑똑한 기계'를 만들려고 했지만 처음에는 아무 이론도, 방법도 없었다. 그렇지만 **컴퓨터의 등장으로 상황은 완전히 바뀌었다.** 기계는 스위치를 누르면 작동하므로 매우 편리한 장치다. 스위치마다 역할도 나누어져 있다. "A 스위치를 누르면 알람이 울린다" "B 스위치를 누르면 조명이 켜진다" 등 스위치를 많이 만들수록 다양한 일을 할 수 있다. **그런 일을 자동으로 처리할 수 있는 게 컴퓨터다.**

컴퓨터는 스위치를 0(off 오프)과 1(on 온)로 표현하고 이 둘을 조합해 다양한 역할을 만들어냈다. 덧셈과 뺄셈에 곱셈과 나눗셈, 방정식과 함수까지 다루게 되면서 서서히 복잡한 작업도 가능해졌다.

뇌의 신경세포 구조가 밝혀진 것도 엄청난 사건이었다. **신경세포도 컴퓨터처럼 0과 1만으로 복잡한 일을 처리한다는 사실이 밝혀졌다.** 결국 컴퓨터에서 뇌의 신경세포를 재현한 **인공뉴런**이 탄생했고, 이것이 인공지능 연구의 첫걸음이었다.

신경세포를 모방해 만든 인공뉴런

뇌의 네트워크는 정보를 얻어가며 진화한다. 이런 구조를 컴퓨터에 응용해 신경세포를 모방한 인공뉴런을 만들었다.

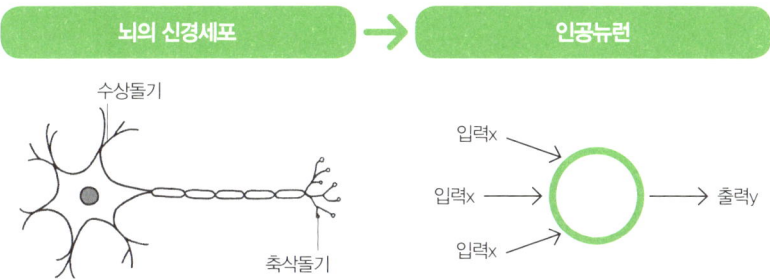

뇌의 신경세포는 수상돌기에서 입력된 정보를 뉴런에서 처리하고 축삭돌기로 출력한다. 시냅스가 뉴런을 연결한다

인공뉴런은 뇌의 신경세포처럼 입력층에서 받아들인 정보를 처리하고 출력층으로 전달한다

AI 이야기

컴퓨터 성능이 향상되면서 기대가 높아졌다

컴퓨터는 2차 세계대전 중 만들어져 군사 이용 측면에서 개발이 활발하게 이루어졌다. 결국 컴퓨터 성능은 점점 더 향상되었고 차츰 여러 방면에서 활용되었다.

그로 인해 컴퓨터로 인공지능을 실현시킬 수 있다는 기대감이 커졌다. 정부도 관심을 보였고 대규모 연구개발 투자가 이루어졌다. 또 국민들의 관심도 높아졌고 인공지능을 소재로 한 소설이나 영화 등 SF 작품도 유행했다.

결국 '인공지능'이라는 말이 세간에 널리 퍼지면서 1차 인공지능 붐이라 불리는 시대가 도래했다.

CHECK POINT

인공지능을 생각해낸 두 명의 천재

'컴퓨터가 있으면 인공지능(AI)을 만들 수 있다'는 생각을 구체적인 이론으로 만든 사람은 **바로 앨런 튜링과 존 폰 노이만이다**.

먼저 튜링은 컴퓨터 등장 전 **프로그램의 원형이 되는 튜링 머신을 고안했다**. 게다가 지능을 가진 기계도 생각해냈고 실제 체스의 수를 계산하는 프로그램도 만들었다. 그는 인공지능이라는 말조차 존재하지 않았던 시대에 혼자 인공지능에 가까운 개념을 구상하고 인공지능 연구를 시작하기 위한 준비를 하고 있었다.

노이만은 다방면에서 활약한 천재로 **현대 컴퓨터의 원형이 되는 노이만형 컴퓨터를 설계했다**. 현대의 컴퓨터, 스마트폰, 태블릿 등 전자기기의 대부분은 노이만형으로 작동한다.

그 후 컴퓨터가 등장해 인공지능 연구의 토양이 만들어졌다. 1956년에는 **다트머스 회의**가 개최돼 당시 인공지능 연구의 1인자들이 모여 성과를 공유하고 의견교환을 했다. **여기서 처음으로 인공지능이라는 말이 사용되었다**. 본격적인 인공지능 연구의 출발점이다.

인공지능 연구의 시작

놀랍게도 컴퓨터가 등장한 20세기 중반 바로 '컴퓨터로 인공지능을 만든다'는 발상을 했던 사람들이 있었다.

앨런 튜링
(Alan Turing, 1912~1954)

영국 수학자, 에니그마를 이용해 암호문을 해독한 것으로 유명하며 '지능을 가진 기계인지'를 판단하는 튜링 테스트를 제안했다

존 폰 노이만
(John von Neumann, 1903~1957)

양자역할 이론을 정리하고 핵무기 개발에 참여했으며 수많은 경제이론을 만들기도 했다. 또컴퓨터가 자가증식한다는 '셀룰라오토마타(cellular automata)' 이론도 만들었다

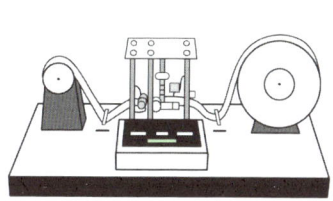

튜링 머신 고안!

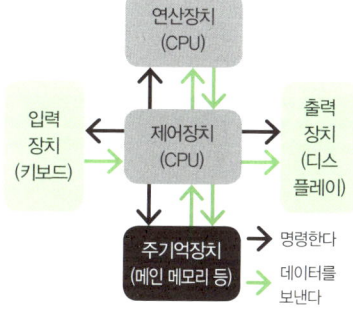

노이만형 컴퓨터 설계!

인공지능 연구의 기초이론 확립!

1956년 ▶ 다트머스 회의 개최!

그때까지의 연구성과를 공유하고 인공지능 연구의 목표를 정했다.

마빈 민스키(Marvin Minsky, 1927~2016)
존 매카시(John McCarthy, 1927~2011)
클로드 섀넌(Claude Shanon, 1916~2001)
앨런 뉴웰(Allen Newell, 1927~1992)
허버트 사이먼(Herbert Simon, 1916~2001)

튜링과 노이만 다음 세대의 우수한 연구자들이 모였다.

1분이면 알 수 있다
어떤 방법으로 인공지능을 만드는가

접근법 1 기호주의(Symbolism)

논리파

인간의 지능과 지식을 기호화해 매뉴얼화하는 접근법

문제에 대응하기 위한 매뉴얼이 있고 그 매뉴얼에 따르는 컴퓨터가 있으면 OK!

'A라면 B 한다' 'C를 보면 D 한다' 'E가 되면 F 한다' 등

60쪽 참조

논리로 해결할 수 있는 문제, 매뉴얼화할 수 있는 분야에 강하다!

논리로 설명하기 어려운 문제, 이론을 만들 수 없는 분야에 약하다!

체스, 퍼즐, 미로 등

영상인식, 음성인식 등

기호주의는 인공지능 기술의 기초가 되는 접근법

접근법 2 연결주의(Connectionism)

감각파!

뇌 신경 네트워크의 재현을 목표로 하는 접근법

인공지능의 학습에 필요한 좋은 경험(정보)이 있으면 OK!

인공지능이 직접 경험하거나 과거의 통계 데이터를 사용해도 좋다!

62쪽 참조

인간이 말로 설명할 수 없는 문제 또는 경험으로 배우는 것이 빠른 분야에 강하다!

어떤 식으로 생각하는지 인간도 모른다

현재의 기계학습(머신러닝)으로 연결된다

CHECK POINT

기호주의는 인간의 사고를 매뉴얼화한다

기호주의는 지능이나 지식은 기호(언어와 수식)로 표현할 수 있다는 입장에서 인공지능을 만든다. 'A라면 B' 'C를 보면 D' 'E가 되면 F'처럼 미리 마련된 매뉴얼에 따라 작동할 뿐이다. 구조가 간단하고 이해하기 쉬워 만들기도 쉽다. 따라서 기호주의 접근법은 초기 단계부터 다양한 성과를 내왔다. **대표적인 예가 체스를 두는 인공지능**(1960년대 '맥핵' 프로그램이 등장해 아마추어 체스 선수를 이겼다)**이나 퍼즐을 푸는 인공지능**('하노이의 탑' 퍼즐도 풀어냈다)**이다.** 뛰어난 계산능력을 활용해 성인들도 어려워하는 문제를 빨리 풀었고 많은 기대를 모았다.

그러면 '물건에 부딪히면 조금 아래로 방향을 전환한다' '물건이 있는 곳을 기억하고 다음에는 가지 않는다'로 장애물을 피하는 매뉴얼도 만들 수 있다. 더 발전시키면 '전방 레이더에 반응이 있으면 브레이크를 밟는다' '하얀 선 또는 벽과의 거리가 줄어들면 핸들을 움직인다' 등도 가능하다. 자율주행차가 바로 이런 식이다. 그렇지만 **현실세계의 모든 일에 대응하는 매뉴얼을 만드는 것은 지극히 어렵다. 그래도 기호주의의 강점은 분명하다.**

기호주의 매뉴얼이란 무엇인가

인공지능을 가진 컴퓨터는 '고도로 발달한 계산장치'여서 이치에 맞는 매뉴얼만 주어지면 어려운 계산도 빠르게 할 수 있다.

체스AI 매뉴얼

❶ 현 상황에서 인공지능이 '다음에 둘 수'를 전부 검토하라

❷ '다음에 둘 수'에 대해 '상대편이 둘 수 있는 수'를 전부 검토하라

❸ '상대편이 둘 수'에 대해 인공지능이 '다음에 둘 수'를 검토하라

❹ 어느 쪽이 왕을 잡을지 혹은 비길지 계속 검토하라

❺ 검토한 수 안에서 가장 빨리 적의 왕을 잡는 수를 두어라

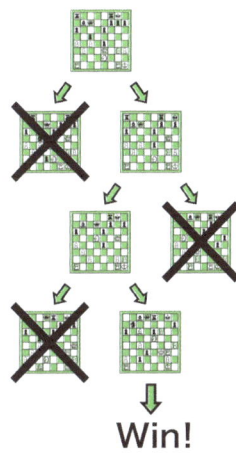

'있을 수 있는 모든 가능성을 검토해 그중 가장 빨리 적을 무너뜨리는 방법을 선택하라' 라는 명령이에요.

계산능력이 뛰어날수록 어렵지 않게 할 수 있겠네요.

포인트

모든 선택 가운데 어떤 것을 고를지 기준 관련 규칙을 세련되게 바꾸면 금방 강해진다

문제점

너무 간단한 명령이기에 ⑤에서 이끌어낸 방법을 적에게 봉쇄당하면 오히려 쉽게 질 수 있다

CHECK POINT

연결주의는 뇌의 구조를 재현한다

연결주의는 인간의 뇌를 그대로 컴퓨터로 재현하는 접근법이다. 처음에는 신경망(Neural Network)을 학습시키다가 점차 인공뉴런을 모아 인간의 뇌세포를 재현했다. 이 인공지능은 매뉴얼이 없어 초기에는 아무것도 할 수 없지만 학습을 계속해 문제 푸는 방법을 조금씩 배워서 똑똑해진다. **학습에 필요한 것은 경험**(정보)**으로,** 인공지능이 스스로 행동해 얻거나 이미 있는 통계 데이터를 사용할 수 있다.

　신경망은 학습교재에 따라 다르게 성장한다. 정보의 질이 나쁘면 아무리 훌륭한 신경망을 만들어도 의미가 없다. 그러나 충분한 정보와 정답이 준비되어 있으면 복잡한 문제라도 신경망은 해결할 수 있다.

　신경망이 수학처럼 논리로 생각하는 문제를 배우려면 엄청난 시간이 걸린다. 반대로 **말로 설명하기 힘든 것, 예를 들면 경험 값을 늘리며 요령을 찾아내는 경우 장점이 잘 발휘된다.** 이 점에서 기호주의와는 정반대 접근법이라고 할 수 있다(바둑으로 유명해진 알파고는 신경망뿐 아니라 기호주의 매뉴얼도 다뤄 최고의 바둑기사를 이겼다).

연결주의의 신경망은 무엇인가

감각파 인공지능으로 매뉴얼로 만들 수 없는 문제에 강하다.

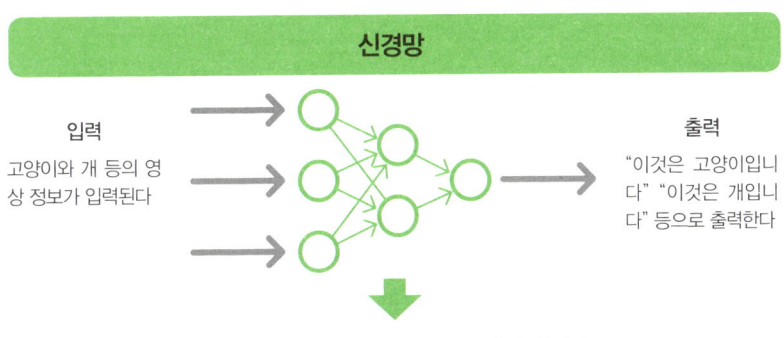

이러한 인공뉴런을 모아서 만든 것이 신경망

- 막 만들어진 신경망

문제를 주어도 아무것도 할 수 없거나 잘못된 답만 찾아낸다

- 많은 경험(정보)을 준다

문제에 도전해 성공하면 반복하고 실패하면 그만두는 형태로 공부를 한다

인간이 매뉴얼로 만들 수 없는 복잡한 문제여도 인공지능이 스스로 답을 찾을 수 있다!

CHECK POINT

초기 연구는 이미 성과를 거두었다

먼저 큰 성과를 거둔 것은 기호주의 인공지능이었다. 논리로 해결하는 문제에 강해 수학을 비롯, 퍼즐(60쪽에서도 소개한 원반을 왼쪽에서 오른쪽 기둥으로 이동시키는 '하노이의 탑' 퍼즐을 푸는 인공지능이 나타났다)과 체스, 미로 등에서 치고 나갔다. **결국 인간의 말도 하게 되었다.** 인간의 말을 하는 인공지능을 **챗봇**(Chatbot, 1966년에 나온 엘리자는 **초기 챗봇의 대표**)이라고 한다. 초기 챗봇은 단순 대화밖에 할 수 없었지만 그래도 질문에 능숙하게 답할 수 있었다. 실제 많은 사람들이 인공지능과 대화한다는 것을 알아차리지 못했다.

연결주의에서는 **퍼셉트론**(Perceptron)이라는 인공 신경망이 등장해 학습 기능을 실현하며 주목을 받았다. 사람들은 **제로(0)부터 학습해 문제를 푸는 인공지능이 태어날지 모른다고 기대했다.**

기호주의 인공지능이 보여준 성과는 눈부셨다. 당시 사람들이 '인공지능은 똑똑하다!' '세기의 발명으로 언젠가 사회가 완전히 바뀔 것이다!'라고 생각한 것도 당연했다. 기대감에 투자가 많아지면서 인공지능에 대한 연구가 더욱 활발해졌다.

초기 인공지능 연구가 낳은 성과

기호주의의 성과

- 수학, 퍼즐, 체스, 미로 등에서 성인도 어려워하는 문제를 풀게 되었다
- 인간과 대화할 수 있는 챗봇이 탄생했다

어제 비가 많이 내렸잖아.

챗봇 대화

우산을 갖고 있어서 괜찮았어.

← 사람들이 인공지능임을 알아채지 못하고 대화를 하게 만드는 것도 성공했다

연결주의의 성과

- 자기학습을 할 수 있는 퍼셉트론이 발명되었다

학습 결과 입력A의 정보가 정확하고 입력C에서 정보가 부정확하다는 것을 알았다

입력A →
입력B → ◯ → 출력D
입력C →

입력A → **중시**
입력B → ◯ → 출력D
입력C → **경시**

여러 개의 입력층에서 정보를 받아들이고 출력되는 구조는 인공뉴런과 똑같다

다음부터는 입력A를 중시하고 입력C를 경시한다, 이것을 '가중치(weighting) 부여'라고 한다

1장 인공지능은 어떻게 생겨났는가 ◀ 065

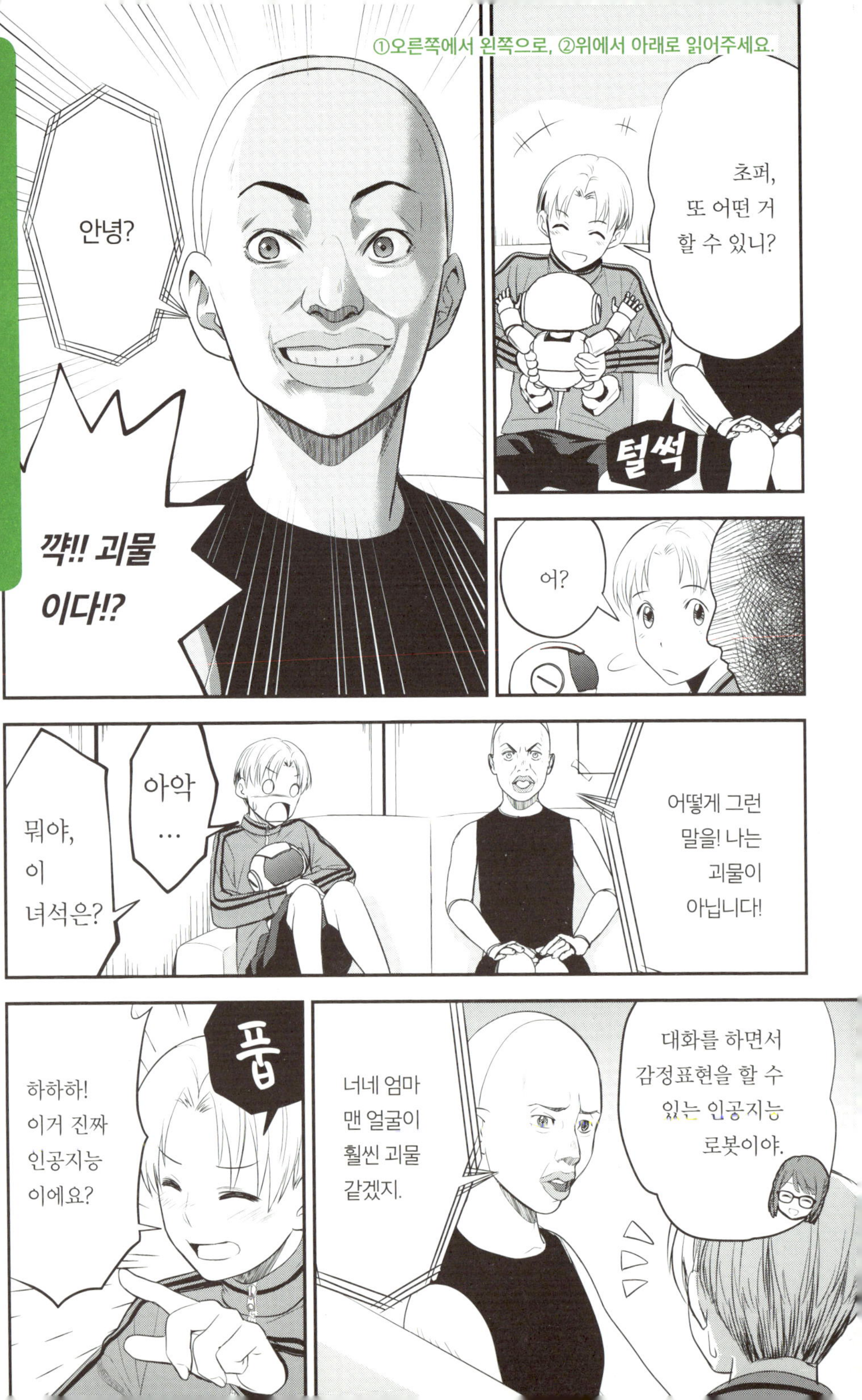

그럼 유타, 내가 '세세'라고 말하면 이어서 '부크어'라고 대답해줄래.

네….

…부크어.

세세!

저기 있잖아요, 교코 씨? 그게 무슨…?

대단하네! 유타는 중국어를 말할 수 있구나.

맞아요. 그리고 여기서 간단히 설명하자면 중국어 '세세'는 고마워, '부크어'는 천만에요라는 의미예요.

그럼 매뉴얼대로 대화하는 것만으로는 진짜 지능이 있다고 말할 수 없다?

…라고 생각하겠죠, 아무것도 모르는 중국인이 옆에서 보면 말이에요.

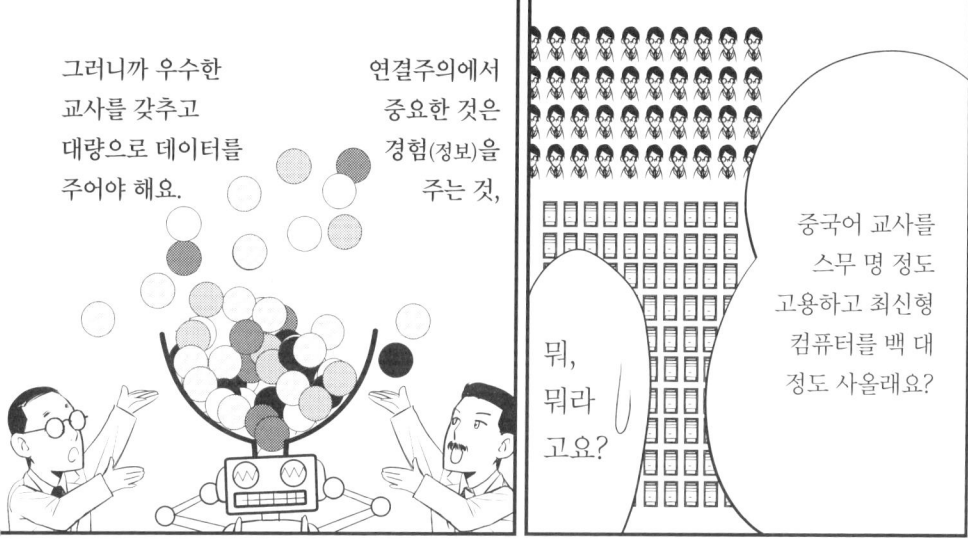

1분이면 알 수 있다

최초의 인공지능이 직면한 한계

어떻게 지능의 유무를 판단하는가

여러 가지 성과를 올렸지만

"진짜로 그것으로 지능이 있다고 할 수 있는가"라는 의문이 생겼다

지능을 판정하는 방법이 필요하다

74쪽 참조

튜링 테스트
인간과 인공지능이 대화하게 해 인공지능을 인간이라고 생각하면
'그 인공지능에는 지능이 있다'고 판단

75쪽 참조

'중국어의 방'이라는 실험으로 비판!
단지 기호적인 처리만을 한다면 언어를 이해하지 않아도 가능,
그렇다면 지능이 있다고 이야기할 수 없다

75쪽 참조

그렇다면 원래 "언어를 이해한다는 것은 무엇을 의미하는가?"
= 심볼 그라운딩(Symbol Grounding) 문제 부상

인공지능이 부딪힌 벽은

인공지능과 인간을 비교하면

79쪽 참조

인간이 잘하는 것을 인공지능은 어려워한다
모라벡의 역설(Moravec's Paradox)

인간이 어려워하지만 인공지능은 잘한다	인공지능이 어려워하는 것을 인간이 잘한다

논리적인 퍼즐이나 난해한 계산을 빨리 정확하게 푸는 것(논리 문제)	인간의 얼굴을 구분하고 소리를 나눠 듣는 것(감각 문제)

어쨌든 인공지능도 할 수 없는 것이 있는 듯하다

인간이라고 해도 손색이 없는 범용AI를 만드는 일은 힘들지만 인간과 비슷한 수준의 특화AI는 가능하지 않을까?

그러나 큰 벽에 부딪힌다

프레임 문제	조합 폭발
프레임 범위 안에서만 작동한다. 주어진 프레임 안에 한정되어 있다	프레임을 크게 만들면 범위는 넓어지지만 학습량이 폭발적으로 늘어나 업무를 처리할 수 없게 된다

CHECK POINT

지능이 있는지 어떻게 판단하는가

인공지능이 체스에서 인간을 이기거나 난해한 퍼즐을 푸는 성과를 보여주었지만 사람들은 진짜 그것만으로 지능이 있다고 할 수 있는지 의문을 품게 되었다.

그런 의혹을 불식시키기 위해 등장한 것이 **튜링 테스트**다. **인간이 인공지능과 대화해 인공지능을 "인간이다"라고 여겼다면 지능이 있다고 판단하는 것이다.** 이는 직감적으로 알 수 있음이 장점이지만 인간을 속이려면 지능만이 아니라 일부러 실수를 하는 어리석음도 필요하다는 점에서 완벽한 테스트라고는 할 수 없다.

게다가 치명적인 문제점이 있다. 기호주의를 따르는 인공지능은 'A라면 B'라고 대답한다. 이처럼 미리 설정한 대화 패턴에 맞춰 대응하기에 상대방의 말을 이해하고 대답하는 것이 아니다.

이는 '중국어의 방'이라고 불리는 사고실험으로 비판을 받았다. **매뉴얼에 있는 대로 단어를 말하는 것만으로는 외국어를 이해한다고 할 수 없다는 것이다.**

튜링 테스트

시험감독관 역할을 하는 사람이 사람 또는 인공지능과 각각 이야기를 해본다. 어느 쪽이 인간인지, 인공지능인지 구분하는 테스트다.

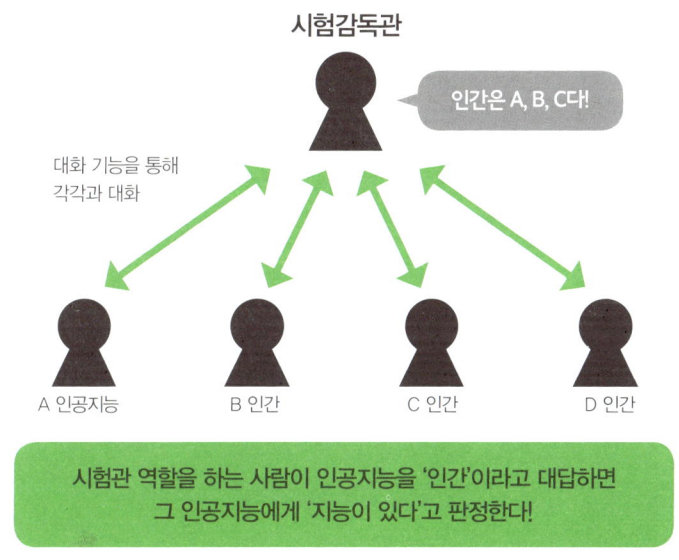

그렇다면 말을 이해한다는 것은 무슨 의미인가? 예를 들어 우리는 물이라는 말을 들었을 때 그것이 수돗물인지 미네랄워터인지 또는 바다나 강의 물인지 대화의 상황과 문맥으로 어렵지 않게 판단할 수 있다. 반면에 챗봇은 매뉴얼로 된 대답밖에 할 수 없기에 자연스럽게 대화를 하기가 어렵다. **이처럼 말(기호)과 현실을 연결시키는 문제를 심볼 그라운딩(Symbol Grounding)이라고 부른다.**

'말의 이해'를 지능의 기준으로 삼는다면 이런 문제가 생긴다.

'중국어의 방'으로 비판

중국어의 방: 중국어 매뉴얼 책이 놓인 방에 중국어를 모르는 사람을 넣어놓고 방 밖에 있는 중국인과 편지로 대화를 시킨다.

안에 있는 사람은 "●●●이라고 쓰여 있으면 ▲▲▲라고 대답해라"라고 쓰인 매뉴얼에 따르기 때문에 중국어의 의미를 알지 못해도 대응할 수 있다

밖에 있는 사람은 '안에 있는 사람은 중국어를 알고 있다'고 착각한다

챗봇도 마찬가지로 지능이 있다고 이야기할 수 없다는 비판을 받았어요.

---

* **의식**
의식에 필요한 조건은 여러 가지로 논의되고 있다. 그중 하나가 자신의 존재를 의식할 수 있는 상태라고 보는 것이다. 철학자 데카르트가 이야기기한 "나는 생각한다, 고로 존재한다"라는 명제가 유명하다.

CHECK POINT

약한 AI와 강한 AI 대 특화AI와 범용AI

인간 정도는 아니어도 인공지능(AI)에게는 약간의 지능이 있는 것처럼 보인다. 그러나 연구자들이 만들고 싶어 하는 것은 진짜 인간 같은 지능을 가진 인공지능이다. 따라서 **겉보기에만 지능이 있는 것처럼 보이는 것을 '약한 AI', 인간과 비슷한 지능과 의식*을 가진 AI를 '강한 AI'라고 구분한다.** 다만 강한 AI는 어디까지나 이상론이다. 그리고 체스를 두고 퍼즐을 푸는 AI처럼 **특정 분야에서 뛰어나면 '특화AI', 인간처럼 무엇이든 할 수 있으면 '범용AI'라고 구분한다.** 범용AI가 이상적이지만 상황에 맞게 사용한다면 특화AI로도 충분할 수 있다.

오히려 만들기에 따라 범용AI가 약한 AI가 되기도 한다. 결국 모든 사람이 착각할 정도로 인간과 똑같은 모습의 안드로이드가 등장해도 사고회로가 극히 기계적이고 인간 같은 의식이 없으면 약한 AI로 분류된다.

인간의 지능을 완벽하게 재현하는 인공지능은 아직 존재하지 않는다. 그리고 인공지능과 인간지능의 차이가 명백해짐에 따라 인공지능과 인간의 차이가 더 구체적으로 논의되고 있다.

약한 AI와 강한 AI, 특화AI와 범용AI

인공지능의 종류를 나누기 위해 '강한 AI'와 '약한 AI' '범용AI'와 '특화AI'라는 개념이 생겼다. 각각은 비슷한 것 같지만 미묘하게 다른 특징을 가진다.

특화AI
특정 업무에 한해 인간과 비슷하거나 그 이상으로 똑똑한 인공지능

예 알파고와 왓슨, 보난자 등

범용AI
모든 업무에서 인간과 비슷한 정도 혹은 그 이상으로 뛰어난 인공지능

예 존재하지 않는다

현재 만들어진 인공지능은 이 범위의 것

기계스럽다 — 특화AI / 약한 AI — 범용AI / 강한 AI — 인간답다

약한 AI
인간처럼 행동하기만 하는 인공지능

예 특화AI로 분류되는 모든 것. 특화AI를 집적시킨 범용AI

강한 AI
인간의 지능이 정교하게 재현되어 의식도 갖고 있는 인공지능

예 존재하지 않는다

CHECK POINT

모라벡의 역설과 인공지능 1차 붐의 한계

인간과 인공지능의 명확한 차이는 계산능력에서 발견할 수 있다. 인공지능은 컴퓨터이기에 인간이 따라잡을 수 없을 정도로 계산을 잘한다. 그러나 사람의 얼굴을 구분하거나 말을 알아듣거나 언어를 번역하는 것 같은 감각적인 문제는 어려워한다.

그에 반해 인간은 처음 만난 사람도 '이 사람은 얼굴이 갸름하고 눈이 크고…'라고 특징을 잡아서 인식할 수 있다. 인간이 간단하다고 생각하는 것이 인공지능에게는 어려운 일이라는 사실이 명백해졌다. 이것을 **모라벡의 역설**(Moravec's Paradox)이라고 한다. 또 기호주의 인공지능은 이치를 따져서 이해하므로 유연성이 부족하다는 결점이 있다.

'A라면 B 한다'는 매뉴얼이 있다고 하자. 이 경우 A라는 문제에는 완벽하게 대응할 수 있지만 C라는 문제에는 전혀 대응할 수 없다. **'○○라면'이라는 틀을 프레임이라고 부르는데 이렇게 프레임 속에서만 사물을 생각한다는 한계가 존재한다.** 이것을 프레임 문제(Frame Problem)라고 한다.

그렇다면 'A부터 Z까지의 어느 것이든 간에'라고 프레임을 크게 만드는

모라벡의 역설

인간이 잘하는 것을 인공지능은 어려워하고 인간이 어려워하는 일을 인공지능은 잘한다는 역설. 이것을 제창자인 한스 모라벡(Hans Moravec, 1948~)의 이름을 따서 '모라벡의 역설'이라고 부른다.

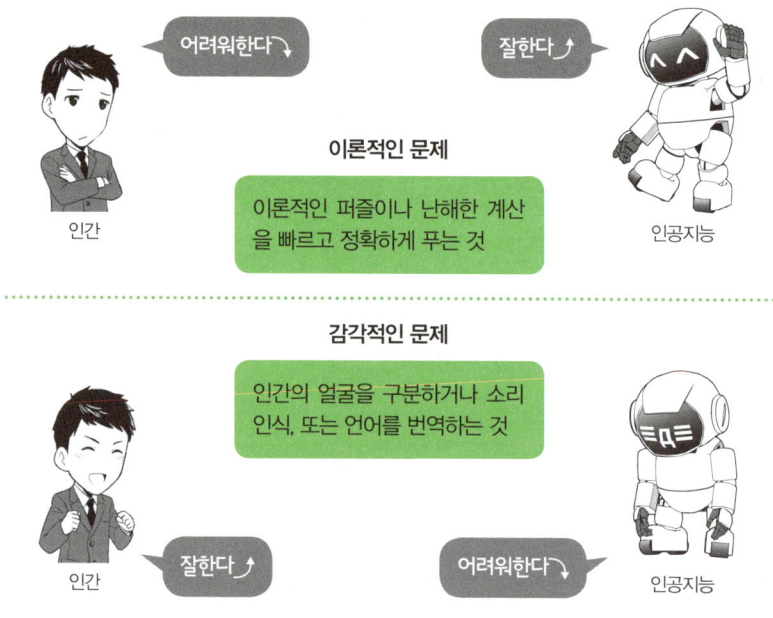

방법을 생각할 수 있다. 그러나 경우의 수가 많아지면 시간이 지나치게 걸리기에 좋은 방법이 아니다. 게다가 현실세계의 문제는 'A부터 Z까지'라고 명확히 나눌 수 없으므로 역시 잘되지 않는다.

연결주의 인공지능은 아직 성과가 미비하고, 앞서서 성과를 올리던 기호주의 인공지능은 프레임 문제에 부딪혔다. 결과적으로 사람들은 인공지능의 한계를 실감했다.

프라임 문제와 조합폭발

기호주의 경우
'A라면 B' 'C라면 D' 등 프레임의 범위 안에서만 움직인다

성능을 올리기 위해서

① 프레임을 크게 만든다

'A부터 Z까지'라고 모든 패턴을 계산하면 시간도 오래 걸리고 전체 패턴을 계산할 수 없다

▶ (프레임 문제)

② 프레임을 조합한다

'A+B라면 Z+Y 한다' 등 프레임을 조합시킴으로써 응용력을 높이면 처리해야 할 계산이 폭발적으로 늘어나서 대응할 수 없다

▶ (조합폭발)

COLUMN 2

게임 인공지능(AI) 개발로 보는 일본과 서양의 차이

2017년 현재 인공지능 기술 개발은 미국을 중심으로 유럽이 함께 세계를 이끌고 중국이 그 뒤를 따라가는 상황이다. 일본도 인공지능 개발에 힘을 쏟고 있지만 미국과의 간격이 상당하다.

게임AI도 마찬가지다. 10년 전만 하더라도 일본 게임은 세계에서 최고 수준을 자랑했다. 그러나 지금은 유럽과 미국 게임이 인기를 끌고 있다. 그 이유 중 하나가 바로 게임AI의 변화 때문이다. 비디오 게임이 등장했을 때는 컴퓨터의 성능이 한정되어 있고 게임AI도 굉장히 간단했다. 일본 게임 개발자는 '팩맨(Pacman)'과 '제비우스(Xevious)'처럼 내용은 간단하지만 똑똑해 보이는 게임AI를 만들었다(팩맨이나 제비우스에 AI가 적용됐다고 보지 않는 시각이 많다. 다만 기호주의 방식의 인공지능을 일부 포함하고 있어 일본 저자 입장에서 이처럼 표현한 것으로 보인다. - 감수자 주). 하지만 서양 게임 개발자들은 컴퓨터 기술이 부족해 제대로 된 게임을 만들 수 없었다.

그런데 컴퓨터 성능이 좋아지자 상황이 달라졌다. 고도의 인공지능을 게임에 장착할 수 있을 만큼 기술이 발달하자 서양의 게임AI 개발은 결실을 맺어 '헤일로(HALO)'와 '킬존(KILLZONE)'처럼 지금까지는 없었던 정말 똑똑한 게임AI를 탄생시켰다. 게임AI의 성능 차이는 더 리얼한 세계를 표현하는 3D게임에서 확실하게 나타났다. 슈팅게임이나 전략게임에 탑재된 게임AI들이 리얼 게임세계에서 정교하게 플레이어와 싸워 사용자들은 실제 같은 체험을 게임에서 즐길 수 있었다.

 게임은 새롭고 재미있어야 인기가 높다. 결과적으로 지금 유럽과 미국 게임이 세계를 석권한 것은 당연하다. 일본은 독자노선을 발전시켜서 게임의 다양성을 보여주다가 최근에야 현대적인 게임AI를 도입하기 시작했다. 다만 인공지능 개발 속도가 급격하게 빨라졌기 때문에 일본의 게임 개발자들은 세계적 흐름에 뒤떨어지지 않으려면 인공지능 개발에 박차를 가해야 한다는 요구에 직면해 있다.

 반면 한국은 AI가 적용된 고성능 게임이 여럿 출시되며 세계시장에서 인기를 끌고 있다. e스포츠 대회 '블레이드&소울' 토너먼트 월드챔피언십에서 게임 개발업체 엔씨소프트가 강화학습(연결주의식 인공지능의 하나)을 통해 훈련시킨 게임AI '비무'는 프로게이머와 대전해 승리를 거뒀다. 또 새로 등장하는 각종 게임에 인공지능을 적극 도입하고 있다. 넥슨은 올해 초 출시한 모바일게임 '듀랑고'에도 인공지능을 폭넓게 적용했다.

 국내 게임업체는 AI를 이용해 게임 그래픽을 화려하게 가다듬기도 한다. 넷마블은 2017년 독일 뮌헨에서 열린 '코코 덴 스포츠챌린지'에서 준우승을 차지했는데 이 대회는 AI로 사진을 입체영상(3D)으로 바꾸는 기술을 겨룬다. 게임 제작사들은 게임 진행에 어려움을 겪는 이용자가 한 단계 나아가도록 이끄는 데도 AI를 이용하고 있다. (감수자 주)

2

어떻게 하면 인공지능이 성장하는가

초기 연구에서는 세상의 기대에 부응할 정도로
성과를 올리지 못했다. 그렇지만 연구자들은 포기하지 않고
어떻게 인공지능을 성장시킬지 계속 접근법을 생각했다.
결국 인공지능은 '지식'을 손에 넣었고 기계학습으로 성장했다.

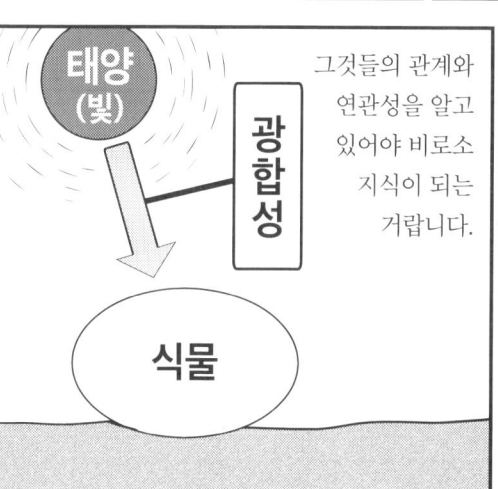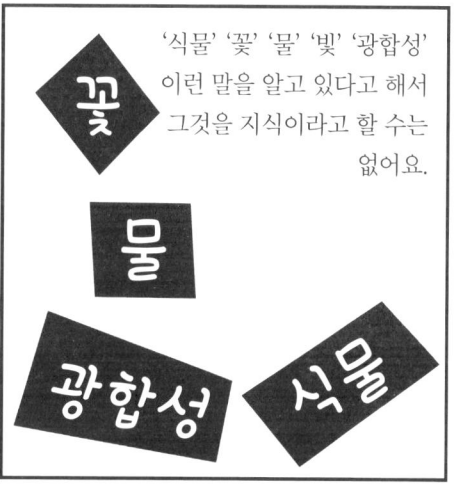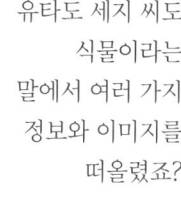

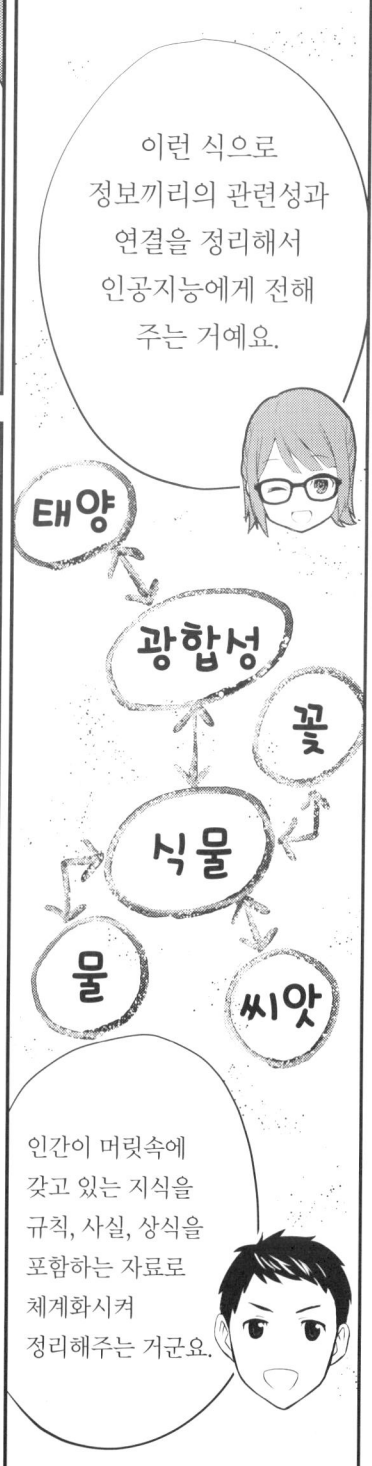

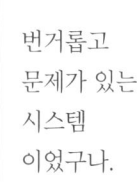

1분이면 알 수 있다

인공지능이 활약하려면 무엇이 필요한가

인공지능에게 세상을 이해시키려는 시도

1차 인공지능 붐이 끝났던 원인
① 처음 기대가 너무 컸다 / ② 인공지능이 세상을 몰랐다
③ 인공지능을 다루는 컴퓨터의 성능이 너무 낮았다

> 인공지능은 굉장히 똑똑한 갓난아이였다

요약하면

아무리 똑똑해도 아기는 어른처럼 방대한 지식을 가질 수 없다
인공지능은 아직 아무것도 할 수 없었고 실용적이지도 않았다
↓
인공지능에게 세상을 이해시키려면

94쪽 참조

인공지능에게 지식을 가르친다
「꽃은 식물이 성장할 때 피는 것」
↓
「식물은 광합성을 하는 생물」
↓
「광합성은 빛으로 에너지를 만드는 작업」

> 이런 식으로 정보의 관련성을 알려준다

이것을 '지식 표현'이라고 한다

인공지능의 사회 진출

컴퓨터 성능 향상
기억용량과 계산속도가 엄청나게 향상되어
더 많은 정보를 담고 빨리 처리할 수 있었다

98쪽 참조

전문가 시스템 탄생
전문가의 지식을 인공지능에게 주고
인간 전문가를 대신해 사람을 돕도록 한다

의료, 금융 등의 분야로 확대되었고 인공지능이 사회 진출을 해냈다!

그렇지만

전문가 시스템이 갖고 있던 전문지식은 허점투성이였다

입력할 때 엄청난 시간과 노력이 걸리기 때문이다!
- 전문가가 하나씩 지식을 입력해 엄청난 시간이 걸렸고 실수도 있었다
- 지식은 자꾸 늘어나는데 이에 맞춰 전문가가 계속 가르치기가 힘들었다

CHECK POINT

인공지능에게 정보의 연결, 지식을 가르친다

어른과 아이의 가장 큰 차이는 지식이다. 인간은 매일매일 생활하면서 다양한 것을 배우고 지식을 쌓는다. 인공지능에게 이와 똑같은 방식으로 지식을 줄 수 있다면 인공지능이 인간처럼 똑똑해질지 모른다.

인간이라면 사물을 보고 만지고 경험함으로써 지식을 익힐 수 있다. **그것이 학습이고 학습할 때 가장 좋은 도구는 교과서다.** 교과서는 가르치려는 내용별로 지식을 정리해놓고 있다. **이를 바탕으로 정보와 정보의 연결을 배워야 한다.** 예를 들어 "꽃은 식물이 성장해 피우는 것" "식물이란 광합성을 하며 성장" "광합성은 빛에서 에너지를 만드는 작용"같이 'A=B'뿐 아니라 다양한 정보를 연결해야만 유용한 지식이 된다.

인공지능도 마찬가지다. **정보끼리의 관계를 알려주고 여러 정보를 연결해 정리하도록 하면 지식을 쌓을 수 있다. 이것을 지식 표현**(Knowledge Representation, 인간의 지식을 자료 구조로 체계화하는 것)**이라고 한다**(정보 관련성을 나타내는 부가정보, 즉 태크 등을 가졌으면 '구조화 데이터', 없으면 '비구조화 데이터'라 한다. 인공지능은 구조화 데이터를 더 쉽게 다룬다).

지식 표현이란 무엇인가

아래 그림처럼 정보를 관련짓고 연결하는 방법을 정리해 가르치면 인공지능에게 '지식'을 줄 수 있다.

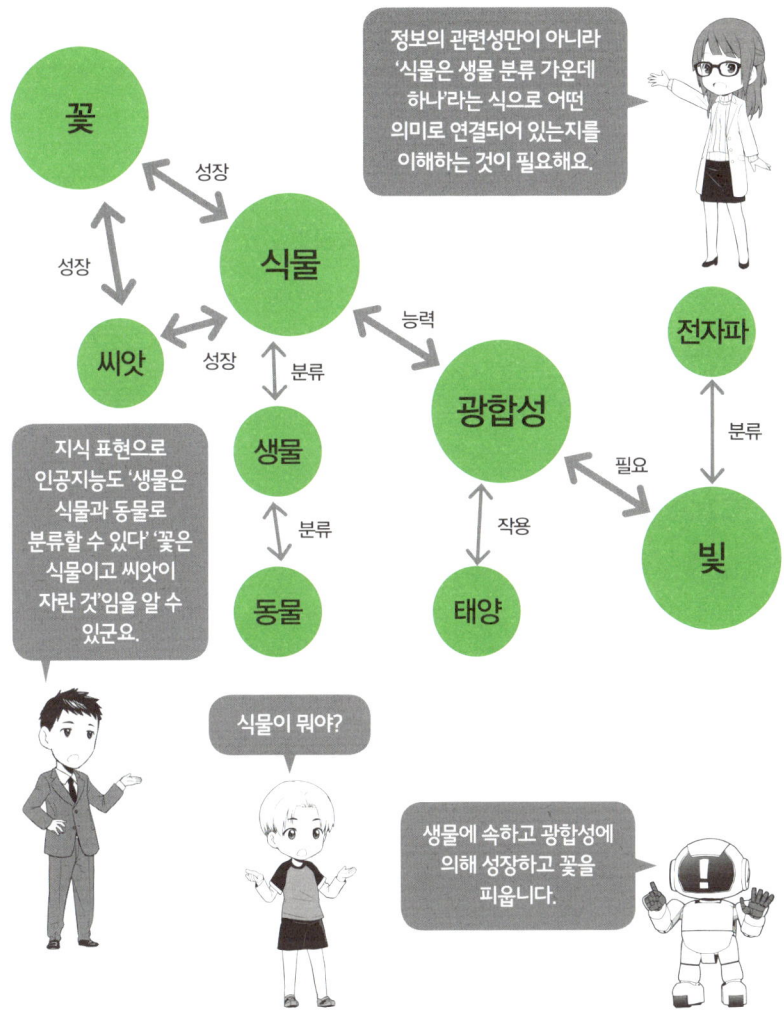

CHECK POINT

인공지능은 어떻게 지식을 저장하는가

세상의 정보가 어떻게 연결되어 있는지 알려준 **다음에는 인공지능에게 어느 정도로 지식을 가르칠지가 문제되었다.** 예를 들어 꽃이 식물이라는 것을 알아도 그것이 씨앗에서 자라고 물과 태양을 필요로 한다는 것을 모르면 '꽃 키우는 일'을 할 수 없다.

인간은 뇌에 지식을 쌓아두고 상황에 따라 필요한 지식을 조합해 사용한다. 인공지능은 그것을 컴퓨터로 한다. 그 때문에 **컴퓨터의 성능이 좋지 않으면 지식의 양이 부족하고 계산속도도 느려지면서 결국은 사고력이 낮아진다.** 실제 인공지능이 충분한 성과를 올리지 못했던 가장 큰 요인은 컴퓨터의 기억용량과 계산능력 때문이었다. 지식 표현의 유용성은 알지만 필요한 만큼의 지식을 쌓아놓을 수도, 다룰 능력도 없었다.

하지만 컴퓨터가 급격하게 발달하면서 그 벽도 깨졌다. **기억용량과 계산속도가 매년 빠르게 향상되었다**(무어의 법칙, 컴퓨터의 처리능력이 약 2년마다 두 배로 향상된다는 법칙, 하지만 앞으로는 물리적으로 한계에 다다라서 성장이 둔화될 것으로 예상됨). 인공지능 연구는 새로운 단계로 접어들었다.

컴퓨터 성능 변화

컴퓨터는 인공지능의 뇌, 기억용량과 계산능력은 인간의 기억력과 사고력에 해당한다. 컴퓨터 성능이 향상되면서 인공지능은 비약적으로 발전했다.

기억용량 향상

하드디스크 드라이브(HDD)의 용량은 1950년에는 5MB 정도였는데 1970년에는 70MB 정도까지 향상되었다

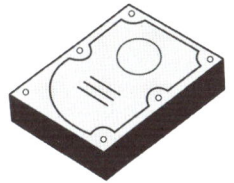

▶ 지식의 양이 비약적으로 늘었다!

계산속도 향상

계산처리를 하는 CPU는 해마다 소형화되고 성능은 1950년대부터 1980년대까지 수백 배나 향상되었다

▶ 많은 지식을 빨리 처리한다!

AI 이야기

컴퓨터 발달은 인공지능과 일반 사회의 간극을 줄였다

컴퓨터 성능이 향상되면서 인공지능만 똑똑해진 것이 아니다. 그때까지는 인간의 키만큼 컸던 컴퓨터가 손 안에 들어올 만큼 작아졌다. 가격도 엄청 내려갔다. 그래서 더 많은 사람이 손쉽게 컴퓨터를 사용한다. 지금은 누구나 스마트폰에 태블릿까지 갖고 있다. 그에 따라 인공지능도 우리 삶과 가까워졌다. 스마트폰에도 인공지능 기술이 탑재되었고 우리는 이를 별로 의식하지 않고 자연스럽게 사용한다. 이는 인공지능에게 큰 도약의 기회로 작용한다.

CHECK POINT

전문가와 똑같은 지식을 인공지능에게 주었다

 전문가 시스템이란 전문가의 지식을 인공지능에게 주고 인간 전문가를 대신해 인공지능이 인간을 지원해주도록 하는 것이다. 예를 들어 의사의 지식을 **전문가 시스템**에 주었다고 하자. 그러면 몸이 안 좋은 사용자(유저)가 전문가 시스템의 질문에 대답하는 형태로 병의 증상을 하나하나 입력하면 전문가 시스템이 병명을 진단해준다('질문에 답하며 목적을 달성한다'는 콘셉트는 계속 이어져 내려와 왓슨 같은 인공지능 탄생에 공헌했다). 이것은 **다른 전문분야에도 응용 가능해 실제 사회에 도움이 되는 인공지능이 탄생했다고 말할 수 있다**.

 그렇지만 **전문가 시스템의 지식에 허점이 있어** 문제가 발생했다. 인간이 전문가 시스템에 전문지식을 하나하나 알려주는 데는 시간이 걸렸고 입력 실수도 있었다. 무엇보다 계속 늘어나는 지식을 매번 인간이 옆에 붙어서 가르치는 것은 아무래도 무리였다. **차라리 컴퓨터에 있는 '보통의 프로그램'을 사용해 인간이 직접 처리하는 것이 확실하고 빠르게 느껴졌다**. '지식이 있으면 도움이 된다'는 접근법은 틀리지 않았지만 지식을 올바르게 다루려면 뛰어넘어야 하는 장애물이 상상 이상으로 높았다.

전문가 시스템의 특징과 문제점

컴퓨터의 기억용량과 계산능력이 비약적으로 향상되어 인공지능이 전문가의 지식을 갖도록 하는 데 성공했다. 그러나 전문가 시스템에는 문제점이 있었다.

■ 전문가 시스템　　　　　　　　　　■ 사용자

병의 증상을 말해주세요.

두통이 심해 힘듭니다.

열은 있습니까?

38.9도입니다.

감기에 걸렸을 가능성이 높습니다.

전문가 수준의 지식을 가진 전문가 시스템은 사용자(유저)에게 질문을 던져 대답을 듣고 결론을 이끌어낸다

전문가 시스템의 질문에 대답하고 전문가 수준의 해결책을 얻을 수 있다

전문가를 대신해 인공지능이 사용자의 문제를 해결한다

문제점 1
갖고 있는 지식이 허점투성이였다

전문가가 수작업으로 입력하기 때문에 늘어나는 전문지식을 인공지능에게 가르치는 것이 힘들다

문제점 2
보통의 프로그램이 더 편리하다

인간이 보통의 컴퓨터 프로그램을 직접 사용하는 것이 더 빠르고 정확했다

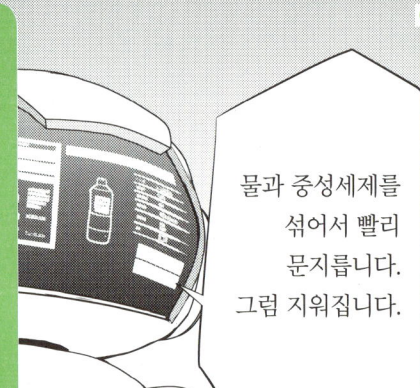

1분이면 알 수 있다

인공지능을 성장시키는 기계학습

인공지능의 학습효율을 올리기 위해서는

인간이 인공지능에게 모든 지식을 가르치는 것은 거의 불가능

그렇다면 어떻게 할까?

인공지능이 스스로 학습하고 지식을 얻을 수 있도록 한다

108~111쪽 참조

'기계학습'의 등장
과거 경험이나 통계 데이터를 모아놓고 인공지능이
직접 지식을 습득하게 하는 방법

지도학습
인공지능에게 문제와 해답을 동시에 준다
인공지능은 해답과 비교하면서 학습을 진행한다

Q & A

비지도학습
인공지능에게 문제만 준다, 인공지능이 답을
모르는 가운데 경험을 쌓아가며 학습을 진행한다

Q only

강화학습
문제를 푸는 학습 방향성만 제시하고 보상을 통해
적절한 행동으로 강화시킨다

보상 UP

인공지능에 여러 가지 업무를 시키려면

인간의 뇌

하나의 뇌로 무엇을 생각하거나 말을 하거나 몸을 움직이는 것을 다 처리할 수 있다(범용성이 높다).

인공지능

계산만 잘하거나, 특정 언어만 말하거나 특정 동작만 하는 등 정해진 임무만 수행한다(특화AI, 약한 AI).

그렇다면 어떻게 할까?

112쪽 참조

예 **여러 개의 인공지능을 조합한다**
- 장기 두는 법을 생각하는 AI + 로봇 팔을 움직이는 AI = 장기 인공지능 로봇
- 한국어를 하는 AI + 영어를 하는 AI + 두 가지 언어를 변환하는 AI = 한영 통역 인공지능

실용화 기대가 높았지만…

아직 인간이 모든 능력에서 뛰어나다
현실 사회에 도움이 되는 수준에 이르지 못했다

2차 인공지능 붐은 가라앉고 있다

CHECK POINT

인공지능 학습방법은 지도학습과 비지도학습

사람은 무엇을 배우려고 할 때 교사나 교재를 찾는다. 그 분야를 잘 아는 사람이 정답과 오답을 가르쳐준다면 효율적으로 배울 수 있기 때문이다.

인공지능도 마찬가지로 학습할 때 교사에게 배우는 방법이 있는데 이를 **지도학습**이라고 한다. **기계학습의 교사는 단순히 정답인지 아닌지를 알려줄 뿐 문제를 푸는 법은 인공지능 스스로 시행착오를 거듭하면서 배워야 한다.**

아무 답을 제시하지 않고 인공지능이 스스로 배우게 하는 **비지도학습 방법**도 있다. 예를 들어 아이들은 언어를 배울 때 말을 많이 접하다가 갑자기 단어의 차이를 이해하고 무엇을 의미하는 말인지 파악한다. 똑같은 일이 기계학습에서도 가능하다. **정보끼리의 관련성을 발견하다 보면 정보가 의미하는 것을 파악할 수 있는 것이다.**

이는 연결주의에서 주로 활용하는 방식이지만 기호주의 인공지능도 통계나 확률을 적극 도입해 쓸 수 있다. 학습능력을 얻은 인공지능은 이제부터 착착 진화할 것이다.

지도학습과 비지도학습의 특징

인공지능의 학습방법은 다양하다. 대표적인 학습방법에 지도학습과 비지도학습이 있다. 각각에는 다음과 같은 특징이 있다.

지도학습 — 문제를 주고 인공지능의 대답에 '정답' 혹은 '오답'을 판단해준다

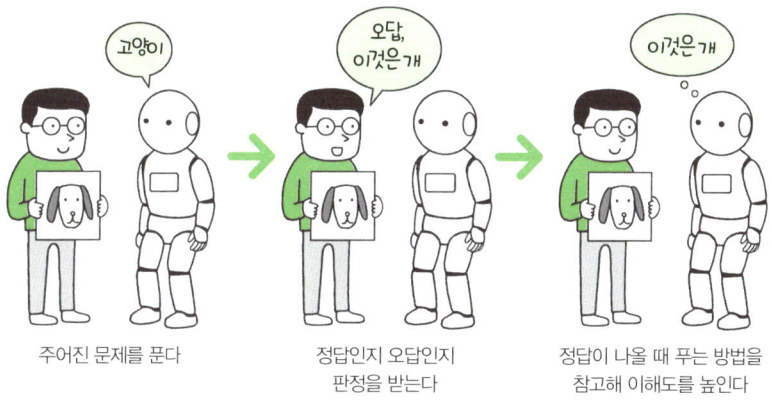

주어진 문제를 푼다 / 정답인지 오답인지 판정을 받는다 / 정답이 나올 때 푸는 방법을 참고해 이해도를 높인다

비지도학습 — 문제만 주고 인공지능이 스스로 가치 있는 '정보'와 '지식'을 손에 넣게 하는 방법

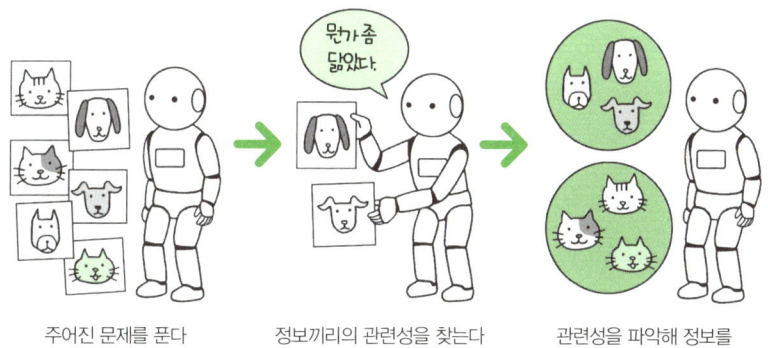

주어진 문제를 푼다 / 정보끼리의 관련성을 찾는다 / 관련성을 파악해 정보를 간단하게 분류한다

CHECK POINT

성공하면 보상, '강화학습'으로 레벨 업

문제 중에는 명확한 정답이 없는 것이 있다. 게임의 경우 적을 무너뜨리거나 점수를 올리는 것이 목적이며 방법, 과정에는 정답이나 오답이 있을 수 없다. 그리고 "스테이지를 클리어하면 점수가 올라간다" "클리어 타임을 짧게 하면 최고 득점을 얻는다" 등 목적 달성에 따라 보상을 얻는다. 플레이어는 더 높은 보상을 받고자 요령을 찾으려 애쓴다.

이는 **강화학습**(Reinforcement Learning)이라고 불리는 방법으로 인공지능을 학습시킬 때도 그대로 응용할 수 있다. 즉 **성과에 따라 보상을 주면서 최적의 행동을 강화시킨다**. "게임을 10분에 클리어하면 10점" "20분에 클리어하면 5점"처럼 설정하면 인공지능은 빨리 클리어할 방법을 강화하고 게임이 오래 걸리는 방법은 피한다.

'강화학습'은 여러 번 반복해 그중 잘했던 행동을 차례차례 남긴다는 점에서 **현실의 학습 방법과도 가깝다**. 강화학습으로 바둑이니 체스, 장기는 물론이고 자율주행차나 로봇조작 등의 인공지능도 인간을 초월할 정도로 똑똑해지고 있다.

강화학습의 특징

강화학습에서 인공지능은 더 많은 보상을 얻으려고 행동한다. 보상은 인간이 설정한다. 강화학습은 현실의 환경에서도 대응하기 쉬운 학습방법이다.

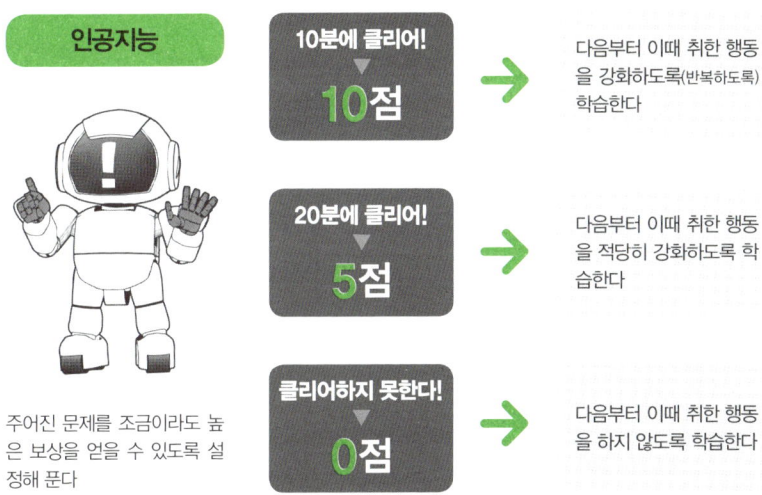

주어진 문제를 조금이라도 높은 보상을 얻을 수 있도록 설정해 둔다

- 10분에 클리어! ▼ 10점 → 다음부터 이때 취한 행동을 강화하도록(반복하도록) 학습한다
- 20분에 클리어! ▼ 5점 → 다음부터 이때 취한 행동을 적당히 강화하도록 학습한다
- 클리어하지 못한다! ▼ 0점 → 다음부터 이때 취한 행동을 하지 않도록 학습한다

AI 이야기

유전자를 흉내 낸 인공지능/유전 알고리즘

열등한 종은 멸종하고 뛰어난 종이 살아남는, 자연계의 자연도태를 흉내 낸 기계학습 방법이 유전적인 알고리즘(Genetic Algorithm)이다. 강화학습과 다른 점은 유전자의 돌연변이나 교배가 학습과 성장 과정에 포함된다는 점이다. 뛰어난 특징이 강화된다는 점은 같다. 그 후 교배에 의한 인공지능 알고리즘의 일부가 랜덤으로 바뀌고 또 돌연변이에 의해 알고리즘의 일부가 급격하게 성장하기도, 뒤떨어지기도 한다. 보상만으로 성장이 되는 것이 아니기에 많든 적든 계속 성장할 수 있다.

CHECK POINT

'여러 개의 뇌'로 능력의 폭을 넓혔다

기계학습으로 특정 분야의 문제에 강해졌다고 해도 그것만으로 인공지능이 충분히 똑똑해졌다고 할 수는 없다. 예를 들어 아무리 바둑을 잘 둔다고 해도 바둑알의 위치를 인식하고 적당하게 힘을 주어 팔을 움직일 조작능력이 없으면 바둑을 둘 수 없다. **실제 사회에서 인공지능을 활용하려면 여러 가지 능력을 조합해야 한다.**

인간과 달리 인공지능은 하나의 지능으로 무엇이든 할 능력이 없다. 기본적으로는 하나 혹은 두 개의 업무밖에 할 수 없고 범용성이 있다고 해도 그 범위는 한정적이다. 이것이 바로 특화AI다(77쪽 참조).

따라서 여러 개의 인공지능을 조합해 범용성을 갖도록 한다. 수를 생각하는 인공지능과 바둑알의 위치를 파악해 로봇 팔을 조작하는 인공지능을 조합하면 언뜻 하나의 인공지능처럼 보인다.

현대의 인공지능은 대부분 특화AI다. **자율주행차도 바둑AI로 유명한 알파고도 여러 개의 인공지능을 합친 것이다.** 인공지능 조합은 이제 빼놓을 수 없는 기술이다.

인공지능에 여러 가지 업무를 시키려면

인공지능은 하나 혹은 둘 정도의 업무만 수행한다. 그런데 인공지능을 여러 개 조합하면 실제 사회에서 활용 가능한 인공지능이 만들어진다.

\ 인간 /

모든 사고·행동을 하나의 뇌에서 조정하기에 다양한 말을 하고 바둑을 두기도 하고 걸어가면서 물건을 잡기도 한다

\ 인공지능 /

하나의 인공지능은 특정 업무만 할 수 있기에 바둑 두는 법만 생각하는 인공지능, 물건을 잡고 움직이는 인공지능이 있다

인공지능이 범용 업무를 하려면

 예 자율주행차의 경우

상황인식 AI ＋ **행동계획 AI** ＋ **내비게이션 AI**

레이더나 카메라에서 보내온 정보를 분석해 차량·도로·보행자 위치 파악

'차를 피한다' '보행자 앞에서 멈춘다' '출발한다' 등 최적의 행동계획을 만듦

'안전하게 갈 경로' '적절한 브레이크 타이밍' 등 행동계획 실행의 최적 경로를 정한다

* **분산형 인공지능**
  * 분산형 인공지능(Distributed Artificial Intelligence)은 여러 개의 인공지능을 하나의 목적을 위해 조합해 한 개의 인공지능처럼 행동하도록 한다.
* **멀티에이전트**
  * 여러 개의 자율형 인공지능을 하나의 목적으로 합치는 것을 멀티에이전트(Multiagent)라고 한다. 분산형과 달리 각각의 인공지능이 독립해 일을 한다.

CHECK POINT

인공지능의 실용성은 어디까지 왔는가

인공지능은 이제 더 풍부한 지식을 다룰 수 있게 되었다. 게다가 스스로 지식을 습득할 수도 있었다. 여기에 인공지능 조합으로 복합 업무도 능숙하게 수행 가능했다. 그때가 1980년대였다.

　인공지능이 이 단계에 이르기까지 30년이란 시간이 걸렸다. 그렇지만 할 수 있다와 인간에게 도움이 된다는 차원이 다른 이야기였다. 분명 이론·기법은 어느 정도까지 확립되었고 실제 인공지능이 만들어져 사용할 수 있을 것 같은 지점까지 왔다. **도로를 따라 달리는 자율주행차와 단어의 발음을 학습하는 인공지능도 이 시기 등장했다. 그러나 어떤 업무에서도 인간을 대신할 수준에는 도달하지 못했다.** 현실적으로 도움이 되지 않는 기계는 존재하지 않는 것과 마찬가지여서 인공지능 연구는 별로 주목을 받지 못했다.

　무엇보다 실제 기계학습에 필요한 중요 정보(데이터)가 압도적으로 부족했다. 인공지능을 실용적인 수준까지 끌어올리는 데 필요한 데이터를 모을 방법이 1980년대에는 없었다.

2차 인공지능 붐의 종언

발전한 인공지능 이론 덕분에 다양한 인공지능이 만들어졌다. 그러나 대부분이 실용적인 수준까지 도달할 가능성만 갖고 있었을 뿐 앞으로 나아가지 못했다.

여러 활동이 가능한 인공지능이 만들어졌지만…

많은 능력들이 어중간해 인간이 하는 것이 훨씬 나았다

'여러 가지 일을 할 수 있다!'고 했지만 사용할 수 없는 것뿐이었네요.

맞아요. 실용화하려면 더 많은 데이터가 필요했지만 데이터를 모을 방법이 없었어요.

AI 이야기

2차 인공지능 붐이 일어났던 시기에 부족했던 것

현재의 자율주행차는 자동차가 인터넷을 통해 데이터를 수집하고 학습을 진행한다. 영상인식과 음성인식, 언어처리를 학습할 때 인터넷상의 영상이나 텍스트 데이터를 이용하고 있어 인터넷이 없으면 학습이 불가능하다. 기계학습이 등장했던 1980년대에는 아직 인터넷이 없었다. 그래서 필요한 만큼 데이터를 모을 수가 없었다. 또 인터넷의 엄청난 데이터를 수집해 학습하기에는 컴퓨터 성능이 좋지 않았다. 한마디로 1980년대 당시는 인공지능이 기계학습으로 진화할 환경이 충분하지 않았다.

COLUMN 3

일본이 인공지능 활용의 모델 사례가 된다?

인공지능이 보급되면 어찌됐든 사회는 변할 것이다. 그러나 컴퓨터와 인터넷이 등장하면서 나라에 따라 사회 모습이 다르게 변한 것처럼 앞으로 인공지능이 본격적으로 등장하면 각국의 풍경도 달라질 것이다. 그렇다면 일본의 경우는 어떻게 변화할까?

먼저 인공지능의 기술 개발 측면에서 보면 일본은 뒤처져 있다. 기술 개발을 이끌고 있는 미국 기업들 사이에서 일본 기업의 이름은 어디에도 보이지 않는다. 그러나 컴퓨터나 인터넷도 미국 주도로 개발되었지만 세계 전체가 변한 것처럼 사회의 변화와 기술의 출처는 관계가 없다.

미국이 앞장서고 있다고 해도, 일본은 살짝 변화를 주면서 독자적으로 발전시키는 것을 잘한다. 너무 독자적으로 나가다가 갈라파고스화하는 일도 드물지 않지만 말이다. 미국에서 만든 비디오 게임을 일본이 독자적으로 발전시켜 세계를 석권한 것처럼, 인공지능을 일본이 나름의 기법으로 발전시켜 새로운 흐름을 만들 가능성은 충분히 있다. 게다가 일본은 하드웨어 분야에서 뛰어나 로봇 조합에서 장점을 발휘할 수 있다. 그러면 산업계가 크게 변할 것이다.

또 인공지능이 일본의 저출산·고령화 문제도 변화시킬지 모른다. 공공버스가 전기, 무인화되면 노선이나 차량을 쉽게 늘릴 수 있고 온디맨드(On-Demand, 맞춤형 서비스) 버스도 운용 가능하다. 고령자가 자가용차를 보유

할 필요가 없고 혹시 갖고 있다고 해도 많은 부분이 자동화되어 사고가 줄어들 것이다. 돌봄이 가능한 인공지능이 등장하면 고령자와 아이들을 돌보는 데 부담이 줄어 저출산·고령화에 브레이크를 걸 수도 있다.

어찌되었든 일본이 향후 인공지능의 가능성을 넓혀 기술개발에서는 후발주자이지만 세계에서 인공지능을 잘 사용하는 모델 사례가 되기를 희망한다.

3

인공지능은 인간을 초월하기 시작했다

딥러닝이라는 기계학습의 등장으로

인공지능은 '눈'과 '귀'를 손에 넣었다.

이제 인공지능은 고도의 계산능력을 가졌고

사물을 감각적으로 이해할 수 있으며 정답까지 스스로 찾는다.

인간과 비교하면 아직 많은 한계가 있지만

특정 분야에서는 인간을 초월하는 능력을 보여주기 시작했다.

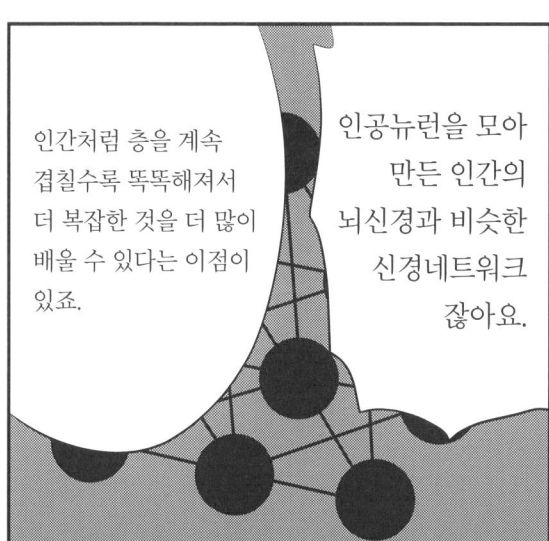

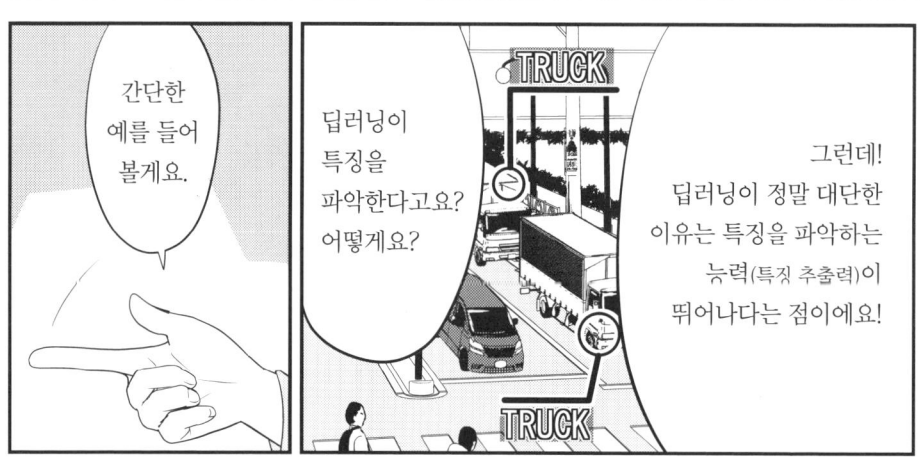

뭐, 뭐, 뭐라고요?

맞아요! 바로 그게 인간이 뛰어난 점이에요.

뭘로 인식하다니요? 그냥 척 보면 알죠.

세지 씨는 무엇을 보고 유타를 유타라고 인식하나요?

예!

우왓! 초퍼, 게임 복구해줘~!

척

실제로는 눈과 코, 입, 머리카락 등의 모습과 크기를 보고 다른 사람과 구별되는 특징을 파악해 인식하는 거죠.

인간은 의식하지 않아도 그것을 쉽게, 자연스럽게 할 수 있어요.

1분이면 알 수 있다
인터넷이 인공지능의 혁신을 가져왔다

기술적인 벽을 어떻게 깨뜨렸는가

2차 인공지능 붐에서 나타난 문제

❶ 교재(정보) 부족 – 인공지능이 기계학습을 할 교재를 모을 수 없었다

❷ 하드웨어 성능 부족 – 대량의 정보를 처리할 수 있는 성능을 가진 컴퓨터가 없다

인터넷 등장

문자(문장)에 머물지 않고 사진이나 동영상, 음성 등도 데이터화해 어디든 보낼 수 있다

컴퓨터 성능 향상

컴퓨터 성능은 해마다 몇 배씩 성장했기에 언젠가 벽을 돌파할 것이 명백해졌다

결국!

본격적인 기계학습에 필요한 교재와 하드웨어를 갖췄다

또!

세계 여러 나라 사람과 데이터를 주고받으며 축적한 정보가 웹상의 서버에 모인다

빅데이터 탄생!!

대량의 정보를 어떤 식으로 처리하는가

너무나 양이 많아 인간이 빅데이터를 다룰 수 없었다

그렇다면 어떻게 할까?

- **정보 정리**
  정보를 특성에 따라 정리하고 언제라도 검색할 수 있도록 한다
- **데이터 마이닝**
  축적된 정보를 조사해 관련성이 높고 가치가 있는 정보를 끄집어낸다

사람이 직접 할 수 없기 때문에 이 분야에서 인공지능이 활약을 했어요.

기계학습 활용

빅데이터에서 특정 영상이나 음성을 찾아내고 기계학습에 사용할 데이터만 꺼낼 수 있다

비즈니스·연구에 활용

인공지능이 빅데이터 중 비즈니스와 연구 분야에서 가치 있는 정보를 파악해 끄집어낸다

인공지능은 점점 더 성장!

체스(딥블루), 장기(보난자), 퀴즈(왓슨)에서 인간을 초월하는 성능을 보여주기 시작했다!

CHECK POINT

인터넷이 등장해 기계학습을 크게 바꾸었다

기계학습이 등장했지만 인공지능이 학습하는 데 필요한 교재(정보)를 전혀 모을 수가 없었다. 또 대량의 교재를 모은다고 해도 그것을 처리할 성능을 가진 컴퓨터가 없었다. 이것이 2차 인공지능 붐이 부딪힌 벽이었다.

컴퓨터의 성능은 빠르게 향상되므로(무어의 법칙) 남은 문제는 교재(정보)의 양이었다. **그 벽을 깨부순 것이 바로 인터넷이었다.**

인터넷이 등장하기 전에는 연구자와 조교가 책을, 서류를 구해 직접 컴퓨터에 입력하면서 인공지능을 학습시켰다. 그러나 이렇게 해서는 인공지능에게 주는 정보의 양이 한정될 수밖에 없었다. **그런데 인터넷의 등장 이후 전 세계 사람들이 인터넷을 통해 정보교환을 했고 인공지능 또한 지식을 손쉽게 얻을 수가 있었다.**

다만 인공지능은 인간처럼 능숙하게 인터넷을 검색할 수 없기 때문에 인간이 검색 기술(마이닝)을 이용해 인공지능도 간단하게 인터넷에서 정보를 입수할 수 있도록 만들었다.

그러자 이번에는 정보가 너무 많아서 인간의 능력으로는 다룰 수 없게

인공지능 연구가 부딪혔던 두 가지 벽

2차 인공지능 붐이 부딪힌 두 가지 높은 벽을 돌파함으로써 인공지능 연구는 새로운 단계에 접어들었다.

벽 ❶

기계학습에서 사용하는 정보의 양

연구자들이 직접 자료를 모으고 입력했기 때문에 주어진 정보량에 한계가 있었다

↓

인터넷의 등장으로 대량의 정보(빅데이터)를 전 세계에서 손쉽게 얻는다

벽 ❷

컴퓨터 성능

대량의 정보를 다루고 싶어도 그것이 가능한 컴퓨터가 없었다

↓

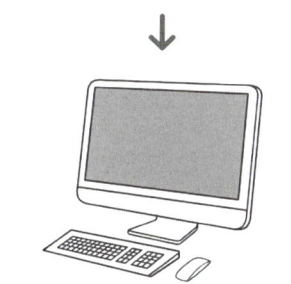

컴퓨터 성능이 몇 배씩 향상되었다. 20년 전과 비교하면 약 1,000배나 좋아졌다!

되었다.

　이처럼 엄청난 양의 데이터를 언젠가부터 **빅데이터**(Big Data)라 불렀다. 다양한 정보를 모아놓은 빅데이터는 보물이 숨겨져 있는 산과 같았다. **다루기는 힘들지만 빅데이터를 효과적으로 활용하면 기계학습의 효과가 엄청나게 높아지고 인공지능이 이를 통해 비약적인 발전을 이룰 것이 명확했다.** 문제는 이 엄청난 정보를 어떻게 다룰지였다.

인터넷의 등장으로 급변한 연구 환경

인터넷이 등장하면서 빅데이터가 생겼다. 이번에는 이 대량의 정보를 어떻게 다룰지가 문제가 되었다.

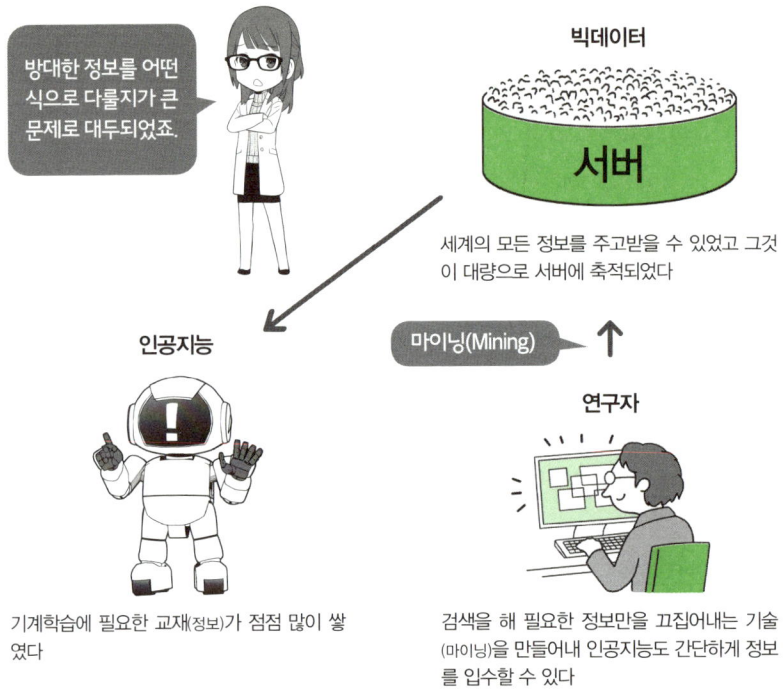

CHECK POINT

엄청난 양의 정보에서도 가치 있는 것을 찾는다

몇만 권의 장서를 보유하고 있는 도서관에서 원하는 책 한 권을 찾으려면 어떻게 해야 할까? 대개의 경우 그렇게 힘들이지 않고도 책을 찾을 수 있다. 도서관에는 찾기 쉽도록 책이 장르나 제목순, 저자 이름순으로 정리되어 있기 때문이다. 디지털 데이터도 마찬가지다. **장르, 책 제목이나 저자, 출판사 등의 정보가 순차적으로 되어 있다면 그것을 힌트로 해 쉽게 찾을 수 있다.**

때로는 읽고 싶은 책 제목이나 저자를 구체적으로 모를 경우도 있을 것이다. 그 경우 사서에게 '이런 종류의 책이 읽고 싶어요'라고 이야기하고 대신 관련 도서를 찾아달라고 부탁할 수도 있다.

이것은 검색엔진과 같다. **사서(검색엔진)의 능력에 따라 원하는 정보를 얻을 수도 있고 얻지 못할 수도 있다.**

그런데 정보가 체계적으로 정리되어 있지 않다면 어떨까? 도서관의 책이 뿔뿔이 흩어져 아무렇게나 쌓여 있고 심지어 책 제목과 저자 이름이 표지에 없다면? 그렇다면 원하는 책을 찾기 위해서는 한 권씩 책을 꺼내서

효율 좋은 정보를 발견하기 위해서는

정보가 일목요연하게 정리되어 있으면 검색하기가 좋다. 그러나 세상의 대다수 정보는 정리되지 않은 채 그냥 쌓여 있다.

정보가 정리되어 있는 경우

예를 들어 책이라면 '제목' '저자명' '장르' '출판사' '간행일' 등으로 정리해 꽂아둔다.

사람도 손쉽게 책을 찾을 수 있다!

정보가 정리되어 있지 않은 경우

쌓아두는 방식도 다르고 제목이나 저자명과 상관없이 정보가 뒤죽박죽이다

사람으로서는 속수무책

내용을 읽어보아야 한다. 이것은 짚더미에서 바늘 하나를 찾는 것과 같다. 인간이 이런 일을 하는 것은 현실적으로 거의 불가능하다.

그러나 인공지능은 좀 다르다. 엄청난 정보를 이 잡듯이 샅샅이 뒤져서 원하는 정보를 발견할 수 있다. 더 나아가 인간을 대신해 정보를 정리할 수도 있다.

인공지능으로 인해 인간이 전혀 사용하지 못했던 데이터가 갑자기 가치 있는 것이 된다. 이렇게 얻은 정보는 인공지능을 더 똑똑하게 만들기 위해 기계학습에서 사용할 수도 있고 연구나 비즈니스에서도 활용할 수 있다.

빅데이터 활용에 인공지능을 이용한다

인간이 어려워하는 일에서 인공지능이 큰 힘을 발휘한다. 빅데이터를 다룰 때도 인공지능이 크게 활약한다.

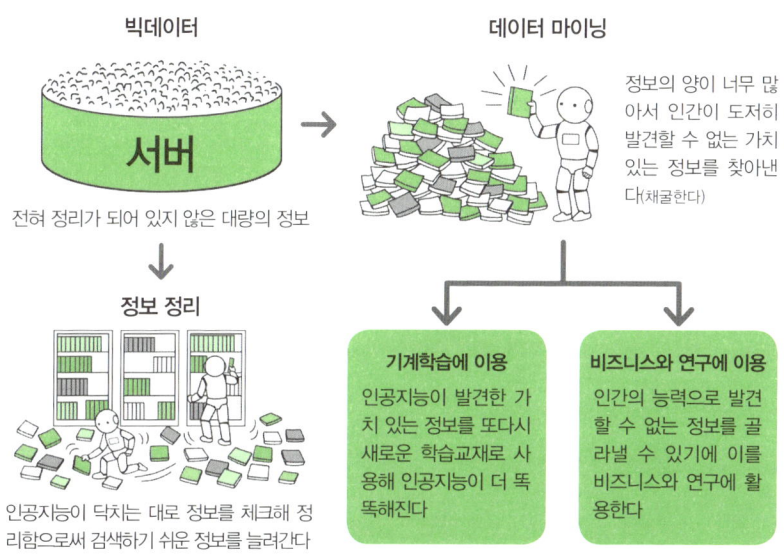

이것을 '정보의 발굴'이라는 의미로 데이터 마이닝(Data Mining)이라고 부르고 현재 폭넓은 영역에서 이용하고 있다.

CHECK POINT

정보력과 계산능력에서 인간을 뛰어넘다

인터넷으로 대표되는 다양한 기술혁신에 의해 인공지능이 다루는 정보가 비약적으로 늘어났다. 동시에 계산능력도 기존보다 천 배 이상 커졌다. IBM이 개발한 체스용 인공지능 **딥블루**는 체스에서 당시 세계 챔피언을 이겼다. 과거의 대결을 참고한 평가함수로 체스판 상태가 좋고 나쁨을 판별하고 엄청난 계산능력을 활용해 수를 읽어낸 덕이었다.

장기판의 판세를 자동으로 학습하는 장기용 인공지능 **보난자**도 등장했다. **보난자는 수를 읽어낼 뿐 아니라 기계학습으로 장기판의 좋고 나쁨을 배워 수를 찾는다.** 보난자 또한 프로 기사와 대등하게 싸우기도 했다. 인공지능의 계산능력과 기계학습을 잘 조합한 예라고 할 수 있다.

자연언어처리에 특화된 **왓슨**도 등장했다. 왓슨은 지식 퀴즈에서 인간과 대결해 승리했다. **질문의 키워드와 관련된 것을 데이터베이스**(책과 백과사전)**에서 찾아 대답하는 시스템으로**, 검색엔진과 다른 것은 퀴즈 질문을 바르게 이해하고 하나의 정답만 이야기한다는 점이다. 정보량이 늘어나고 계산능력이 향상되어 결국 인공지능은 인간을 뛰어넘고 있다.

인간의 한계를 넘어서는 인공지능들

인공지능은 체스, 장기, 퀴즈 같은 분야에서 정보력과 계산능력을 활용해 인간을 뛰어넘는 결과를 내기 시작했다.

체스AI - 딥블루

압도적인 계산능력을 활용해 체스판을 먼저 읽고 인간이 만든 체스 매뉴얼에 따라 수를 결정한다(딥블루는 '기계학습' 기능을 사용하지 않고 모든 경우의 수를 '기호주의' 방식으로 계산하기에 인공지능으로 구분하지 않는 학자도 있다. – 감수자 주).

인간에게 승리!
1996년 2월과 1997년 5월, 두 차례에 걸쳐 챔피언인 가리 카스파로프(Garry Kasparov, 러시아)와 대결했는데 두 번째 시합에서 승리!

장기AI - 보난자

판을 읽는 계산능력이 있고 기계학습을 통해 스스로 판단 기준을 만들어 다음 수를 결정할 수 있다

인간과 막상막하의 대결
2007년 3월 와타나베 아키라 용왕과 대결해 아쉽게 패배, 중간까지는 보난자가 우위를 차지하며 최고의 장기기사를 몰아붙였다

퀴즈AI - 왓슨

자연언어처리에 특화된 인공지능으로 질문을 듣고 키워드와 관련된 것을 데이터베이스에서 골라낼 수 있다

인간에게 승리!
2011년 미국의 인기 퀴즈 프로그램 '제퍼디!(Jeopardy!)'에 출연해 인간 출연자들을 이기고 우승을 차지했다

1분이면 알 수 있다

딥러닝이란 무엇인가

딥러닝의 탄생

대량으로 저장된 정보가 있고 계산능력이 향상되면서 신경망이 정비되었다

감각파

신경망
인간의 뇌신경 네트워크를 흉내 낸 인공뉴런을
여러 층으로 겹쳐놓은 것

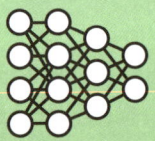

장점
- 자기학습이 가능하고 학습을 하면 할수록 성장한다
- 층을 겹쳐서 쌓을수록 다양한 정보를 처리할 수 있기에 똑똑해진다

단점
- 층이 쌓일수록 학습이 어려워진다(오류가 있는 곳을 특정하기가 곤란하기 때문이다)

기술면에서 이 벽을 돌파!

140쪽 참조

아무리 여러 층을 겹쳐도 학습효율을 유지할 수 있다

딥러닝 탄생!

딥러닝은 어떤 점이 대단한가

딥러닝
대규모 신경망에 의한 학습 시스템

무엇보다도 뛰어난 점은

특징을 파악하는 힘(특징 추출 능력)!

원래

143쪽 참조

 인간은 다른 사람의 얼굴을 '특징'으로 인식한다
- A는 눈이 둥글고 크다
- B씨는 코가 높고 길다
- C씨는 얼굴이 희다
- 등

딥러닝을 사용해 인공지능도 똑같이 '특징'으로 인식할 수 있다

이렇게 되면서

인공지능은 영상이나 음성의 특징을 스스로 찾아내 인식할 수 있다!

인공지능이 '감각적'인 업무도 잘할 수 있다!

CHECK POINT

세계에 충격을 준 딥러닝의 등장

원래 인공지능의 학습기술은 감각파인 연결주의 접근법에서 나온 것이었다. 그러나 그동안은 기술적인 장애가 많아서 생각한 대로 성과를 올리지 못했다. 또 기계학습(머신러닝, 지도학습·비지도학습과 강화학습)의 등장으로 인공지능이 학습능력을 획득하게 되자 연결주의는 많은 주목을 받지 못했다. **그렇지만 엄청나게 많은 정보를 모을 수 있고 컴퓨터의 계산능력이 향상되자 상황은 또 바뀌었다.** 연결주의 기계학습을 실현시킬 수 있는 여러 가지 기술이 등장했기 때문이다.

먼저 반복학습을 통해 성장하는 신경망 시스템에 지도학습을 조합시켜서 학습효율을 큰 폭으로 높일 수 있었다. 이것을 **표준역전파**(Standard Backpropagation)라고 부른다.

신경망의 규모가 크고 복잡할수록 인공지능은 더 똑똑해진다. 그래서 신경망을 가능한 한 여러 층으로 만들려고 시도했는데 여러 층의 신경망에서는 지도학습이 잘 이루어지지 않았다. 따라서 **층마다 작게 나누어 단계적으로 학습하는 기술이 만들어졌다. 이것을 오토인코더**(AutoEncoder)라

딥러닝이란

딥러닝은 다층으로 겹쳐진 신경망을 사용한 학습 시스템이다. 엄청난 데이터에서 정보를 분류, 정리해 특징을 파악한다.

딥러닝 　 신경망을 여러 층 겹쳐서 만드는 스스로 학습 시스템

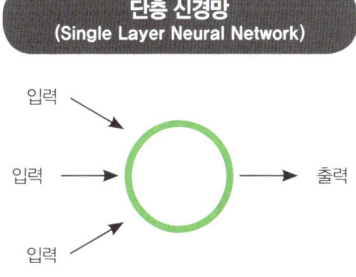

학습에 한계가 있고 실용적인 차원에서는 거의 도움이 되지 않는다

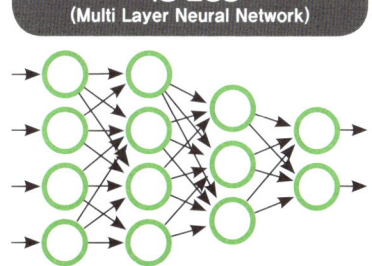

층이 늘어나서 복잡하면 할수록 똑똑해지고 학습 수준이 향상된다

고 부른다.

인간 시신경의 작동 원리를 참고해 만든 **콘벌루션**(Convolution, 풀링이라고도 불리는 **기법을 사용하는 영상처리에 특화된 신경망**)이라는 기법도 등장해 결국은 신경망을 이용한 학습 시스템 '딥러닝'이 탄생했다. 이 기술은 2012년 국제 영상인식 프로그램 콘테스트인 ILSVRC(ImageNet Large Scale Visual Recognition Competition)에서 압도적인 성적을 거두었고 그 이름을 전 세계에 알렸다. 2015년 대회에서는 프로그램이 인간의 인식 수준을 뛰어넘었다. 딥러닝은 그 후에도 비지도학습으로 '고양이'를 찾아내는 등 발전을 거듭해 다양한 분야에서 널리 사용되고 있다.

표준역전파와 오토인코더

표준역전파와 오토인코더 기술을 통해 딥러닝이 가능해졌다.

표준역전파 (Standard Backpropagation)	오토인코더 (AutoEncoder)

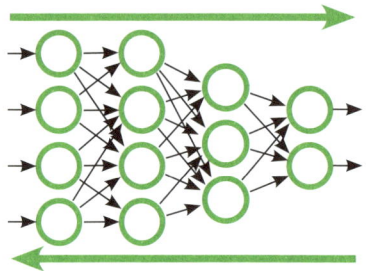 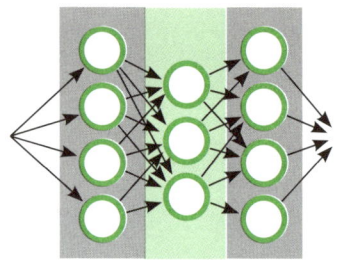

주어진 문제(입력)와 시스템이 찾아낸 대답(출력)의 오차를 출력 쪽부터 확인해 정보 전달에 오류가 있는 곳을 찾아서 조정

층을 나누어서 입력과 출력 값이 같아지도록 반복해 학습시키는 기술로, 아무리 층이 늘어나도 학습의 정확도를 높일 수 있다

CHECK POINT

보고 듣는 감각적인 업무도 할 수 있다

지금까지의 인공지능 기술과 딥러닝이 다른 점은 특징을 보고 구별할 수 있다는 것이다. 앞에서도 살펴보았듯이 원래 인공지능은 영상을 구분하고 소리를 듣고 그것을 이해하는 감각적인 업무를 힘들어했다. 이 어려움을 극복한 기술이 바로 딥러닝이다.

예를 들어 인간은 다른 사람의 얼굴을 구별할 때 그 사람의 눈이나 코, 입 등의 모양과 피부색 등 나름의 특징을 보고 판단한다. 각각의 얼굴 특징을 정확하게 기억함으로써 다른 사람의 얼굴과 구분한다. 이를 **특징추출 능력**(특징을 파악하는 방법)이라고 한다. 결국 인공지능은 딥러닝으로 인해 기존보다 훨씬 정교한 특징 추출 능력을 획득할 수 있었다.

딥러닝은 동영상을 구분하기 위해 인간의 얼굴이나 물체의 형태를 통째로 암기하지 않는다. 인간의 얼굴이나 물체의 특징만을 파악하는 학습을 한다.

다시 말하면 특징이란 서로 다른 부분인데, 이것을 알기 위해서는 인공지능이 '보통'이나 '평균값'부터 배워야 함을 의미한다. 인간은 평소의 경험으로 무의식중에 '보통' 감각을 쌓았기에 남과 다른 얼굴 특징, 물체가 가지는 일반적인 형태를 구별할 수 있다. 특별한 의식 없이 순간적으로 이루어지지만 실제로 이는 굉장히 어려운 기술이다.

인공지능이 딥러닝으로 얻은 특징 추출 능력은 인간만큼 고도로 발달한 기술은 아니다. **인공지능의 경우 인간보다 더 많은 샘플이 필요하다.** 하지만 학습에 필요한 샘플만 충분히 모은다면 인공지능은 인간 이상의 힘을 발휘할 수 있다.

딥러닝의 특징 추출 능력

특징을 파악하고 사물을 이해하는 업무(태스크)는 인공지능이 어려워하는 분야였지만 딥러닝이 등장하면서 이 또한 가능해졌다.

A의 사진이나 그림

동그란 눈, 높은 코, 두꺼운 입술, 날카로운 턱… 이것은 A다!

딥러닝으로 학습한 인공지능

딥러닝에서는 각 부분마다의 특징 추출 능력을 단련해 이미지, 동영상, 소리 등을 구분할 수 있다

특징을 추출하기 위해서는 어떤 학습이 필요한가

1 ▶ 특정 부위의 다양한 이미지를 보여준다

눈이라면 작은 눈, 큰 눈, 동그란 눈, 긴 눈 등 다양한 눈의 이미지를 대량으로 보여주면서 눈의 특징을 구분하는 방법을 철저하게 가르친다

2 ▶ 같은 부위의 이미지를 다각도로 보여준다

같은 개체이지만 각도가 다른 이미지를 대량으로 보여주고 각도가 달라도 똑같은 눈이라는 것을 구분하도록 한다

눈, 코, 턱, 머리 등으로 나누어 각각 실행한다

CHECK POINT

'뛰어난 행동'의 특징도
인식할 수 있다

특징을 파악할 수 있는 딥러닝은 영상인식, 음성인식, 자연언어처리와 같은 분야로 퍼져나갔다. **'겉보기 특징'과 '소리 특징', '단어를 연결하는 특징'을 파악할 수 있기 때문이다.**

특히 영상인식과 음성인식은 단시간에 인간 수준까지 가능해졌다. 스마트폰이 사용자의 얼굴을 구분하고 음성을 인식해 문자를 보내는 것은 딥러닝으로 학습한 인공지능이 탑재되었기 때문이다.

딥러닝과 강화학습(110쪽)을 조합한 **심층강화학습**도 등장한다. 강화학습은 뛰어난 행동을 하면 보상을 주어 그 행동을 강화시킨다. 여기에 **딥러닝을 조합해 '뛰어난 행동의 특징을 파악하는 능력'을 향상시켰다.** 학습효율은 큰 폭으로 높아졌고 비디오 게임을 하는 인공지능 **DQN**과 바둑에서 인간을 이긴 **알파고**가 등장했다.

딥러닝은 구별할 줄 아는 능력만 있고 운전도, 스포츠도 할 수 없다. 그러나 **그때까지 없었던 눈과 귀를 손에 넣은 것이므로 인공지능에게는 새로운 세상이 열렸다.** 앞으로도 인공지능은 한층 성장해갈 것이다.

심층강화학습

딥러닝을 조합시키자 강화학습의 효과가 놀라울 정도로 향상되었다.

AI 이야기

심층강화학습과 DQN의 성과

심층강화학습은 다층 신경망을 이용해 기계학습을 하면서 동시에 강화학습을 사용하는 것이다. 강화학습에서 인공지능은 보상을 얻으면 그와 연결된 행동을 강화한다. 그러나 짧은 시간에 여러 행동을 하는 경우 어떤 행동이 보상으로 연결될지 알기가 어렵다. 따라서 딥러닝을 이용해 '보상으로 연결된 행동과 상황의 특징'을 찾게 한다. 구글에서 개발한 인공지능 DQN(Deep Q-Network)은 이를 통해 실제로 성과를 올렸다. DQN은 인간에게 규칙과 조작법을 배우지 않고도 게임을 클리어했고 인간 이상의 점수를 기록했다. 인간의 관여 없이 인공지능이 결과를 낸 것은 획기적인 성과였다.

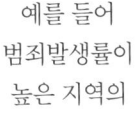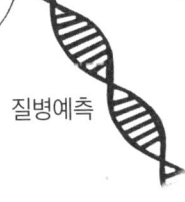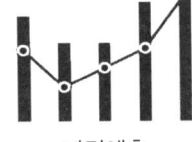

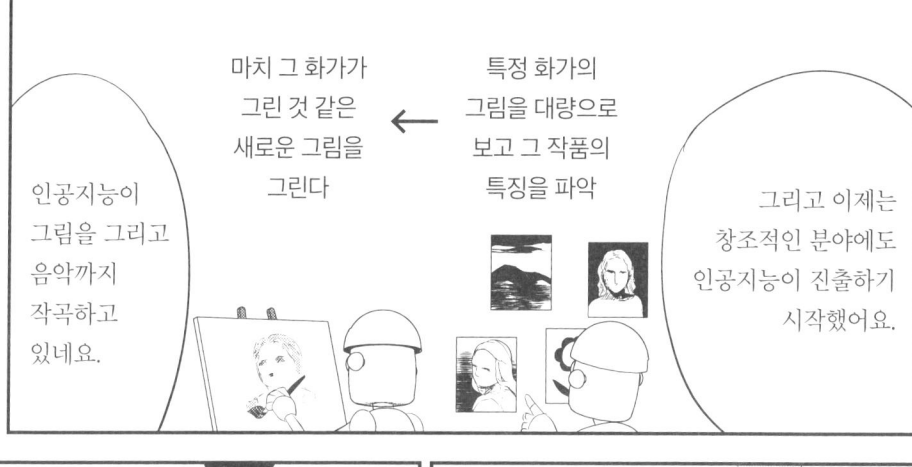

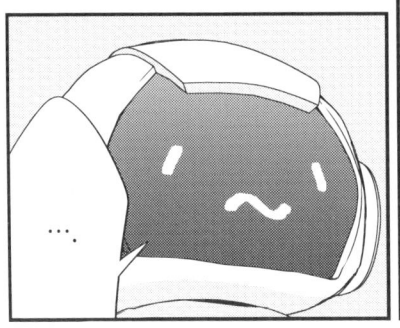

- 음성인식 능력이 향상되어 인간의 말을 정확하게 알아듣는다
- 기억용량이 커져 대화의 패턴이 훨씬 늘어났다
- 웹 등에 있는 엄청난 데이터베이스를 참조해 대답 가능 범위가 넓어졌다
- 의미와 내용을 파악해 번역한다
- 문장에 많이 쓰는 단어를 대량으로 학습하고 또 새로운 단어를 추가해 대답이 가능하다

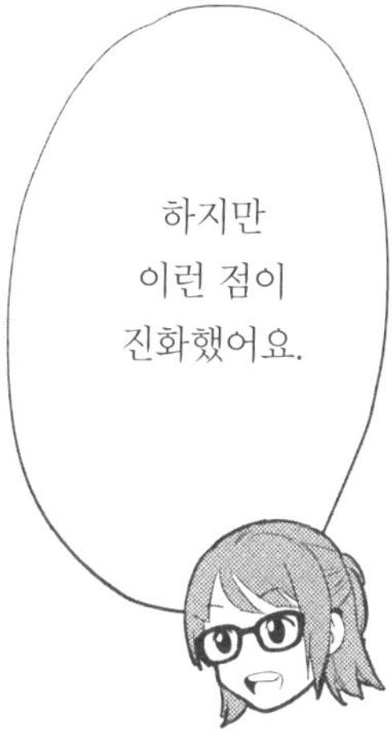

하지만 이런 점이 진화했어요.

다만 질문의 키워드에서 관련성이 높은 정보를 찾아 대답하는 것뿐이라 인간의 대화와는 조금 다르죠.

계속 진화했다고 하는데도 이 정도군요.

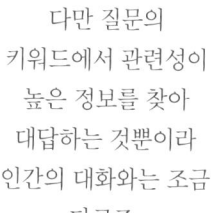

응?

초퍼는 아직 의미나 의도를 이해해 대답하는 것이 아니에요.

그렇지만 인간의 감정을 이해하고 정보를 표현할 수 있죠.

마치 인공지능이 인간의 감정을 많이 이해하고 있는 것처럼 보여요.

그런 사실을 알고는 있어도 인공지능이 친절하게 말해주면 사람에게 위로가 되겠죠.

….

있잖아, 초퍼. 세지 삼촌이랑 교코 누나 의외로 잘 어울리지 않니? 네 생각은 어때?

이 녀석, 유타!

…뭐야? 이 절묘한 대답은….

미안합니다. 잘 모르겠습니다!

1분이면 알 수 있다

딥러닝으로 인공지능이 대활약

딥러닝을 어떻게 활용하고 있는가

인공지능은 이미 딥러닝으로
- 보는 능력(영상인식)
- 듣는 능력(음성인식)이 인간을 뛰어넘었다

그렇다면 어떻게?

딥러닝으로 인해 다양한 분야에서 인공지능 실용화가 진행되고 있다

158쪽 참조

전문영역에서 활용
숙련된 전문가가 하는 일을 대체하거나 지원해준다

의료	엔지니어링
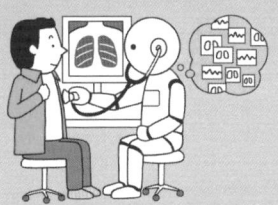	
X-레이나 CT 스캔 영상, 심장소리 샘플을 딥러닝으로 학습하면 병의 특성을 파악하고 병명을 진단하며 치료법을 제시할 수 있다	건물에 금이 간 영상, 건물을 두드려서 나오는 소리 등을 딥러닝으로 학습하고 건물 노후화의 특징을 파악, 인공지능이 건물을 점검하고 검사할 수 있다

160쪽 참조

게임에서 활약
체스, 장기, 바둑, 퀴즈 등의 영역에서 인간은 이제 인공지능을 이길 수 없다

고도의 계산능력을 갖춘데다 통계 데이터에서 얻은 '패턴의 특징'을 파악함으로써 인간 이상의 실력을 익혔다

162쪽 참조

창조적인 분야에서 활약
다양한 작품을 보고 듣고 학습해 새로운 작품을 만들어낸다

특정 화가의 그림을 학습하면 비슷한 화풍의 그림을 그릴 수 있고 특정 작곡가의 곡을 들으면 곡풍을 흉내 내 작곡할 수 있다

164쪽 참조

미래예측
방대한 통계 데이터에서 '미래에 영향을 주는 것'의 특징을 발견하고 현재의 현상과 비교해 미래를 예측한다

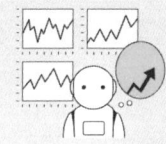

범죄예측, 고객예측, 질병예측, 가격예측 등을 할 수 있다!

CHECK POINT

영상, 음성 인식능력은 이미 인간을 넘어섰다

딥러닝의 가장 큰 강점은 **영상인식**(보는 능력)과 **음성인식**(듣는 능력)이다. 인간의 얼굴을 구분하는 얼굴 인식, 사진에 있는 물체가 무엇인지 알아보는 물체 인식, 음성을 문장으로 만드는 음성변환은 지금도 실현되고 있다. 인공지능은 더 나아가 **특히 섬세함이 요구되는 의료나 엔지니어 분야에서 응용될 것이다.** 의사는 엑스레이를 보고, 심장소리를 듣고 진단을 한다. 엔지니어는 눈으로 보거나 두드려서 나는 소리로 상태를 살핀다.

인공지능은 **딥러닝으로 '병의 특징', '심장소리의 특징', '균열의 특징', '금속음의 특징' 등을 학습할 수 있다.** 물론 아직까지는 인간이 한 번 더 확인해야 한다. 그렇다고 해도 인간의 실수를 줄이고 인간이 감당해야 할 부담을 줄이는 것만으로도 충분히 제 역할을 한다고 볼 수 있다.

즉 **보고 듣는 능력을 진화시킨 인공지능은 인간 전문가가 아니면 알 수 없는 영상이나 음성의 특징을 파악할 수 있다.** 이것은 전문가 시스템과 비슷해 보이지만 그와 달리 이미 실용화가 시작되었다(스마트폰과 컴퓨터 잠금 프로그램이 얼굴 인식으로 풀린다. 동영상을 분류하고 음성을 들어 전화를 걸기도 한다).

보는 능력과 듣는 능력의 실용화

딥러닝으로 얻은 영상, 음성 인식능력은 이미 고도로 발달한 전문영역에서 실용화가 시작되었다.

딥러닝으로 학습한 인공지능

보는 능력(영상인식)
인간이나 물체를 영상에서 구분할 수 있고 분류한 동영상에 이름을 붙이기도 한다

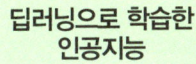

듣는 능력(음성인식)
음성을 듣고 문장을 만들기도 하고 음성으로 내리는 지시를 이해해 실행하기도 한다

전문영역에서 실용화

① 의료
엑스레이, CT 스캔 영상, 소리 샘플 등을 학습한다

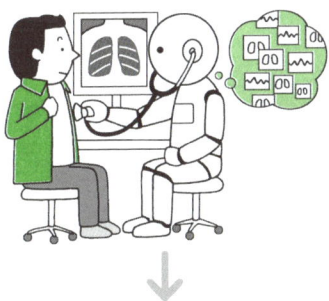

↓

병의 특징을 파악해 병명을 진단하고 치료를 지원한다!

② 엔지니어링
균열이 간 건물을 두드릴 때 나는 소리 샘플을 학습한다

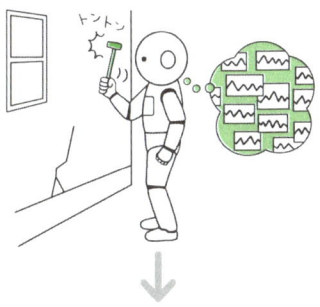

↓

건물의 노후화 특징을 파악하고 점검·검사 지원을 한다

CHECK POINT

인공지능은 인간을 이기는 게 목적이 아니다

1996년 딥블루(체스), 2011년 왓슨(퀴즈), 2016년 알파고(바둑)처럼 게임에서 인간을 이기는 인공지능이 차례차례 나타났다.

딥블루는 모든 수(手)를 조사해 체스에서 인간을 이겼다. 다만 컴퓨터의 계산능력에 한계가 있어, 수가 훨씬 많은 바둑에는 사용할 수 없었다.

왓슨은 자연언어처리에 특화된 인공지능으로 인터넷을 활용해 엄청난 지식 데이터베이스를 얻고 이를 바탕으로 퀴즈를 '분석'해 인간을 이겼다.

가장 어려울 것이라고 예상했던 바둑에서도 알파고가 등장해 인간을 크게 뛰어넘었다. 알파고는 딥러닝으로 '이겼던 수'와 '유리한 국면'의 특징을 파악하는 훈련을 했다. 인간 바둑기사가 대국 내용을 기록한 수많은 기보(棋譜)를 보며 공부하는 것과 같은 방식이다. 거기에다가 **알파고는 인간 또는 컴퓨터와 대결을 반복하면서 강화학습을 하며 '미지의 특징'까지 발견했다.** 기보에는 없지만 더 좋은 결과를 얻을 수 있는 수를 발견해 인간을 이긴 것이다. 앞으로는 인공지능이 만들어낸 수를 인간이 연구하게 되는 상황이 올 것이다.

알파고의 구조

장기, 체스와 비교해 수(手)가 압도적으로 많은 바둑에서 알파고는 인간 최고의 기사를 이겼다. 이로 인해 알파고는 전 세계의 주목을 받았다.

알파고
구글의 자회사가 만든 바둑AI. 2016년 3월 이세돌 9단, 2017년 커제 9단을 이겨 화제가 되었다

딥러닝
과거의 기보를 교재로 삼아 '이겼던 수'와 '유리한 국면'의 특징을 배웠다

강화학습
인간 또는 컴퓨터와 대결해 '미지의 특징'을 발견했다

AI 이야기

게임에서 일부러 지는 인공지능도 있다

인간과 싸우는 인공지능이 게임에도 등장했다. 다양한 역할의 여러 인공지능이 연계해 게임에서 활약하지만 인간을 이기려고만 하지 않는다. 게임AI의 본래 목적은 인간을 이기는 게 아니라 즐겁게 해주는 데 있어서다. 그래서 지적인 전략을 취하며 적당하게 플레이어를 쫓아가 싸우기도 하고 때로는 지기도 한다. 아직은 인간이 즐거워하는 방법을 인공지능에게 가르쳐주어야 하지만 기계학습을 통해 인공지능이 스스로 방법을 발견할 수 있다. 그러면 인간이 아무리 생각해도 떠올릴 수 없는 참신하고 즐거운 게임이 탄생할지도 모른다.

CHECK POINT

인공지능이 인간을 감동시키는 날이 온다

인공지능은 명확한 법칙이 존재하지 않는 창조적인 분야를 어려워했다. 그림 그리기, 작곡, 소설 쓰기에는 모두 정답이 없다. 가능성이 무한하고 무엇부터 손대야 할지 알 수 없다.

그러나 인공지능은 딥러닝 덕분에 창조적인 예술 분야에서도 성과를 내기 시작했다. **인간의 작품을 보고 듣고 배워 특정 화풍을 따라 그리고 특정 장르의 곡도 작곡할 수 있다.** 어디까지나 비슷하게 흉내 내는 것이긴 해도 그림에서도 음악에서도 창조적인 활동을 해내고 있다.

언어 이해력은 아직 인간에게 미치지 않지만 인공지능은 소설 쓰기에도 도전하고 있다. **특정 작가의 작품이나 문장을 배워 비슷한 문장을 만드는 것이다.** 인간도 누군가를 흉내 내면서 창작 활동을 시작한다. 처음에는 잘 되지 않고 성과도 나오지 않지만, 그러한 과정을 거쳐야 자기만의 창작품을 만들어낼 수 있다. 인공지능도 똑같다고 보면 창조적인 분야에서 인공지능이 성공하는 것도 결코 불가능한 일이 아니다. **언젠가 인공지능이 만든 영상과 음악, 소설이 인간을 감동시키는 미래가 올지 모른다.**

창조 분야에 진출하는 인공지능

인공지능이 어려워하는 분야라고 생각했던 창조적인 세계에도 인공지능이 진출하기 시작했다. 이 또한 딥러닝이 이룩한 결과다.

그림

특정 화가의 작품을 대량으로 보여주고 구도, 윤곽, 색채, 질감 등의 요소로 나누어 각각의 특징을 파악하게 한다

인공지능이 그 화가의 화풍으로 새로운 그림 창작!

음악

특정 음악가의 작품을 많이 들려주고 프레이즈 (Phrase, 자체적으로 완전한 음악적 의미를 갖고 있는 하나의 단위), 화음, 리듬 등의 특징을 잡아내게 한다

인공지능이 그 음악가의 스타일로 새로운 음악 작곡

AI 이야기

영화 시나리오에도 도전하는 인공지능

뉴욕대학교가 개발한 인공지능 벤저민은 두 편의 단편영화 각본을 썼다. 그 각본에 따라 실제로 영화 촬영도 들어갔다. 가까운 미래를 그린 SF 작품 <선스프링(Sunspring)>과 AI 때문에 시나리오 작가가 실업자가 되는 미래를 그린 <그건 게임이 아니다(It's No Game)>가 그것이다. 그러나 인간이 각본에 거의 관여하지 않아 대사는 지루하고 이해도 잘되지 않았다. 말만 배운 아이에게 이야기를 만들어보라는 것과 같은 상황이었다! 그러나 음악이나 그림은 상당한 수준으로 좋아지고 있다.

CHECK POINT

인공지능이 예언자가 되었다

'나비효과'는 작은 일이 미래를 크게 바꾼다는 의미다. 특징적인 **작은 일을 미리 발견하면 미래의 변화를 예측할 수 있겠지만,** 인간으로서는 어떤 작은 것이 미래를 바꿀 일인지 관찰하는 게 매우 어렵다. 현실적으로 불가능한 일이다.

그렇다면 인공지능은 어떨까. **인공지능은 대량으로 축적된 통계 데이터에서 '미래에 영향을 주는 일'을 발견해 특징을 파악하고 현재 일어나는 현상과 비교해 미래를 예측할 수 있다.** 이것은 이미 범죄예측, 고객예측, 질병예측, 가격예측 등의 분야에서 실용화가 되었다.

범죄예측 분야에서는 '지역의 범죄 건수', '주변 환경', '시간대', '거주자의 전과' 등의 정보 분석으로 어떤 지역의 범죄율이 높아질지 예측하고 '감시카메라 영상'을 확인해 수상한 행동을 하는 사람을 찾아 대처할 수 있다. 이는 실제로 범죄나 사건을 조기 해결하는 데 큰 성과를 거두고 있다.

어쩌면 인공지능이 미래를 정확하게 예측해 예언자라 불리는 날이 올지도 모른다.

인공지능이 미래를 예측한다

인공지능이 얻은 관찰력과 거대한 데이터베이스 분석능력을 조합하면 미래를 정확하게 예측할 수 있다. 이는 폭넓은 분야에서 다양하게 응용 가능하다.

범죄예측

지역의 범죄 건수, 주변 환경, 시간대 등의 정보로 범죄가 일어날 가능성이 높은 지역을 예측, 감시카메라로 수상한 행동을 하는 사람을 찾는다

고객예측

주변 이벤트와 과거 통계를 통해 점포 매출을 예측, 이를 공공 교통기관을 운행하는 데에도 활용한다

질병예측

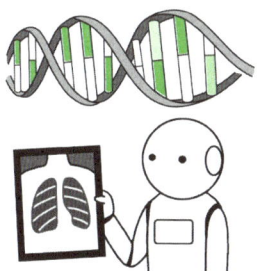

유전자정보와 몸 상태 변화 정보를 분석해 미래에 어떤 병에 걸릴지 예측, 병을 예방하거나 조기에 발견할 수 있다

가격예측

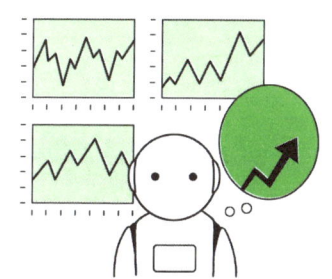

과거의 주가나 환율변동 그래프를 분석해 가격변동을 예측, 이는 현재에도 금융업계에 큰 영향을 미치고 있다

1분이면 알 수 있다

대화 인공지능은 어떻게 만들어졌는가

자연언어처리는 어떻게 하는가

↓

영상, 음성인식과 비교할 때 자연언어처리 분야는 발달이 늦었다

↓ 왜냐하면

언어는 상황이나 문맥에 따라 의미가 달라진다,
확실한 정답이 없는 문제를 학습하는 것은 굉장히 어렵다

↓

인터넷 데이터베이스를 활용해 인간과 대화할 수 있는
인공지능이 여러 개 등장
예) 인공지능 비서(시리, 알렉사), 인공지능(감정인식) 로봇(페퍼) 등

↓

고도로 발달된 음성인식능력, 계산능력, 거대한 데이터베이스로 구성됨

168쪽 참조

↓ 구체적으로

❶ 인간의 말을 정확하게 알아듣는다
❷ 질문, 지시와 관련성이 높은 것을 데이터베이스에서 찾아낸다
❸ 대량으로 기록된 대화 패턴을 찾아 대답한다
   이 정도 구조만으로도 인간과 대화를 할 수 있다

자연언어로 실용화가 진행된 분야는

비교적 정답을 바로 찾을 수 있는 번역 분야에서 실용화가 진행되었다

다만

자연언어는 복잡하기 때문에 'A라면 a' 'B라면 b'와 같은 번역은 할 수 없다

그렇다면 어떻게 할까?

170쪽 참조

언어 의미를 수치화(Word to Vector)한다!

튤립이라면 '식물' '꽃' '색' 등 관련된 단어에 따라 수치를 부여하고 문장 전체에서 나타내는 수치에 가깝도록 번역한다.

튤립

식물 : 100
꽃　 : 80
색　 : 20

말을 보고 번역하는 것이 아니라 '의미의 수치'를 보고 번역한다

인간이 말을 이해하는 방식과는 다르지만 성과를 올리기 시작했다

CHECK POINT

인간과 자연스럽게 대화하는 인공지능

현대의 인공지능은 대화능력이 크게 향상되었다. 인터넷에서 방대한 양의 대화를 수집해 허물없는 말이나 인터넷 속어에도 반응할 수 있을 정도다. 그 대표적인 예가 **인공지능 비서**(어시스턴트)다. 컴퓨터와 스마트폰, 스마트 스피커에 탑재되어 있고 자동차에도 있다. 이들 모두 사용자(유저)가 음성으로 전하는 전달사항에 따른다. 예를 들어 "A에게 전화해" "몇 시에 깨워줘"라는 일상적인 부탁부터 "집까지 가는 길을 알려줘" "중국어로 안녕을 뭐라고 하지?"라는 질문에 대응이 가능하다.

대다수 인공지능은 대화 패턴만 기억하던 시대에서 크게 성장하지 못했다. 지식을 다루고 음성을 인식하고 언어를 이해한 것처럼 행동하지만 인공지능은 대화 패턴을 통계적으로 기억해 적절하게 대응하는 법을 배운 것뿐이다(튜링 테스트에서 30% 이상 인간을 속이는 인공지능이 나오고 있다).

왓슨도 마찬가지다. **질문과 관련성이 높은 언어를 찾아 제시하는 것뿐이다.** 결과적으로 '대화가 성립만 하고 있을 뿐'이라고 봐야 하는 수준이다. 인공지능이 인간의 말을 이해하는 구조가 인간과는 다르기 때문이다.

말을 이해하는 것처럼 행동하는 구조

인공지능이 말을 인식하고 대답을 이끌어내는 방법은 인간의 대화와 다르다.

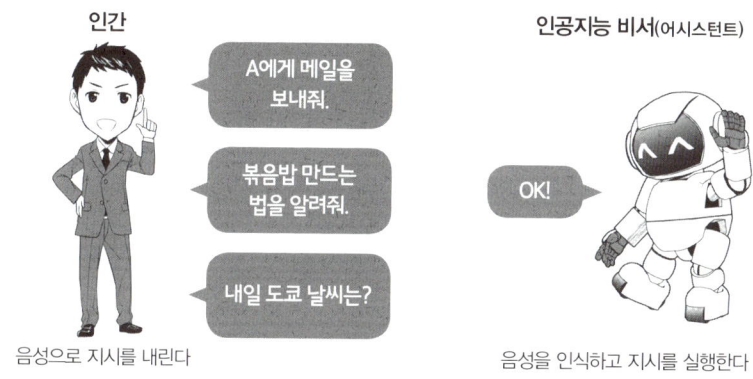

3장 인공지능은 인간을 초월하기 시작했다

CHECK POINT

인공지능은 인간과 다른 방식으로 말을 배운다

영상과 음성은 대답을 준비하기 쉬워 딥러닝도 순조롭게 진행된다. 그러나 인공지능에게 말을 가르치는 일은 간단하지 않다. 지식을 표현하는 것과 말의 의미를 표현하는 것은 다른 문제이기 때문이다. 지식은 그냥 정보이지만 말은 항상 어떤 의도나 의미를 갖고 있다. 확실한 대답을 준비할 수 없는 문제를 학습하는 일은 정말 힘들다.

그러나 **번역은 문제(원문)와 대답(번역문)이 명확하게 존재해 딥러닝을 많이 활용하고 있다.**

번역의 경우 '~이다' '~가 아니다'는 영어로는 'is' 'is not'인데 이처럼 작은 변화로도 의미가 완전하게 바뀐다. 그런 이유로 **언어의 의미를 수치화(Word to Vector)한다**는 접근법이 등장했다. 예를 들어 튤립이라는 단어에 대해 '식물' '꽃' '색' 등 관련 있는 단어에 수치를 매겨 그 수치를 가상의 의미로 나타낸다. 그렇게 한 후 문장이 되었을 때 단어끼리의 수치를 조합하고 문장 전체를 나타내는 수치를 언어의 의미로 해석해 고친다. 번역에서는 그 '의미의 수치'가 다른 언어에서도 가장 가까워지도록 조정을 한다.

같은 말이어도 의미와 의도가 다르다

동의어처럼 같은 말이지만 의미나 의도가 다른 표현이 많다. 인공지능이 이러한 동음이의어를 이해하는 것은 어렵다.

인간은 말의 문맥으로 판단하지만 인공지능은 단어의 관련도로 판단한다!

즉 말을 보고 번역하는 것이 아니라 '의미의 수치'를 보고 번역한다.

수치로 말을 이해한다고 하니 제대로 될까 의문이 들기도 하겠지만 수치해석만으로도 문제에 대한 답을 찾을 수 있다고 한다. 이처럼 인공지능이 '말을 이해하는 방식'은 인간과는 상당히 다르다.

의미를 수치화해 말을 이해하는 인공지능

인공지능은 앞뒤에 나오는 단어의 관련도를 보고 의미의 수치를 늘리거나 줄이면서 판단한다.

수치화

예를 들어 '목'이라면 '일 60, 불행 50, 몸 80, 머리 60' 등 관련 있는 말을 수치로 나타내고 그것을 바탕으로 의미를 나타낸다

인간

동료 B가 상사에게 불려갔다 오더니 풀이 죽었어.

이야기를 들었더니, 목이 잘렸대. 괜찮을까?

인공지능

그거 정말 큰일이군요.

'상사' '동료' 사이에서 <u>일</u>의 수치가 상승
'풀이 죽어 있다'로 <u>불행</u>의 수치가 상승
▼
'목'= '해고'라고 이해

CHECK POINT

인공지능이
인간의 파트너가 된다?

인공지능은 이제 인간과 대화를 할 수 있고 인간이 말로 하는 지시도 따를 수 있다. 이것만으로도 상당히 인간다운 행동이라고 할 수 있다. 거기에 인공지능은 영상인식이나 음성인식능력을 활용해 인간의 표정이나 음색에서 감정까지 읽을 수 있다. 또 인공지능에게 감정 표현의 메커니즘을 조합시키면 인공지능도 자신의 감정을 갖게 될 수 있다.

인공지능이 인간다운 행동을 하면 우리는 친밀감을 가지고 그 존재에 위화감을 품지 않을 것이다. 이렇게 인간다운 인공지능이 스마트폰이나 로봇에 탑재되어 우리 삶에 깊숙이 들어와 많은 일을 대신해주고 인간과 관계를 맺는다면, 시리 같은 인공지능 비서(어시스턴트)와 페퍼와 같은 커뮤니케이션 로봇은 앞으로도 계속 늘어나서 사회 전체에 퍼지고 정말 흔히 볼 수 있는 존재가 될 것이다. **인공지능이 항상 옆에 있는 생활이 당연해지는 것이다.**

앞으로는 아이들이 어린 시절부터 인공지능과 접하고 함께 성장해나가는 것이 자연스러워질지도 모른다. 인공지능은 친구 또는 가족이 될 수도

감정도 이해하는 인공지능

어디까지나 프로그램에 지나지 않지만 감정을 이해하고 표현할 수 있다. 인공지능이 더욱 인간다워졌다.

감정 이해

인간의 표정(영상인식)을 보고 인간의 소리(음성인식)를 듣고 희로애락이라는 인간의 감정을 이해할 수 있다

감정 표현

감정을 이해해 인간이 화를 내면 슬퍼하고 칭찬하면 기뻐한다. 인간에게 무시를 당하면 씁쓸함을 나타낸다

있다. 인공지능은 기계학습으로 우리의 버릇이나 생활리듬, 취미나 기호 등을 파악할 수 있고 때로는 가족도 모르는 것을 알아차릴 수 있다.

이미 인생상담을 해주는 인공지능이 등장한 것처럼 연애의 괴로움이나 일에 대한 불평을 인공지능에게 이야기하는 날도 그리 멀지 않았다. **모든 인간이 기댈 수 있고 꼭 필요한 파트너로서 인공지능이 우리 곁을 지키게 되기를 기대해본다.**

인공지능이 항상 옆에 있는 생활

아침 일찍부터 잠을 잘 때까지 항상 옆에 인공지능이 있는 것이 당연해진다.

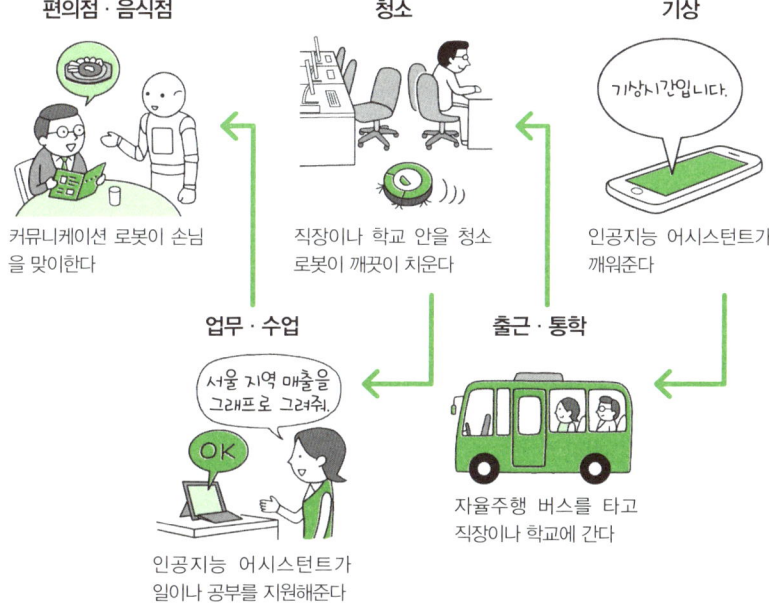

COLUMN 4

인공지능과 함께 성장하는 AI 네이티브 세대

인터넷은 1990년대 초반 세상에 보급되었다. 지금 20대에게 컴퓨터와 인터넷은 '당연한 존재'다. 이들은 어린 시절부터 인터넷을 익숙하게 다뤘고 어른이 되어서도 능숙하게 사용한다. 그중에는 혁신적인 비즈니스를 개발해낸 사람도 나타났다. 이들을 '디지털 네이티브 세대'라고 부른다. 똑같은 일이 앞으로 인공지능 세대에도 일어날 수 있다. 'AI 네이티브 세대'가 태어난 것이다.

누가 가르쳐주지 않아도 요즘 아이들은 스마트폰을 어렵지 않게 조작한다. 스마트폰 어플에는 인공지능이 탑재된 것이 여러 개 있다. 장난감처럼 노는 것이니까 아이에게는 그것으로도 충분하다. 게임AI도 좋은 예다. 실용 차원이 아니어도 '지능이 있는 것처럼 보인다' '즐길 수 있을 정도의 기발함이 있다'로 충분하다. 그러면 어른들이 아이들을 일부러 막지 않는 한 인공지능과 접할 기회가 어른보다 많을 것이다. 당연히 아이에게 인공지능은 친구나 형제처럼 가까워진다.

디지털 네이티브 세대가 항상 인터넷과 연결되는 것처럼 인공지능과 함께 성장해온 AI네이티브 세대는 늘 인공지능과 함께할 것이다.

SNS와 뉴스도 인공지능을 경유해 체크하고 공부도 인공지능을 사용해 효율적으로 할 것이다. 그렇다면 인터넷중독이 아니라 AI중독이 문제가 될 텐데 그것도 인공지능 카운슬링을 이용해 극복할지 모른다.

인터넷 여명기를 보고 온 어른들이 SNS를 통해 연락을 주고받는 아이들의 모습을 상상할 수 없었던 것처럼 지금은 인공지능 사회라는 미래를 살아가는 모습을 예측할 수 없다. 그것이 어떤 모습이든 간에 아이들의 현재는 사회의 미래를 나타낸다. 어른들은 무리하게 그 변화를 멈추지 말고 올바른 방향으로 이끌어야 한다.

4

인공지능은 사회를 어떻게 바꿀까

의료, 금융, 유통, 교육, 제조 등
인공지능 기술을 실제 사용하고 있는 사례를 든다면 끝이 없다.
인공지능은 이미 우리의 생활에 없어서는 안 되는 존재다.
인공지능이 이끄는 흐름은 계속 빨라지고 있고 사회는 점점 변해갈 것이다.
미래 인공지능 사회는 어떤 모습일까?

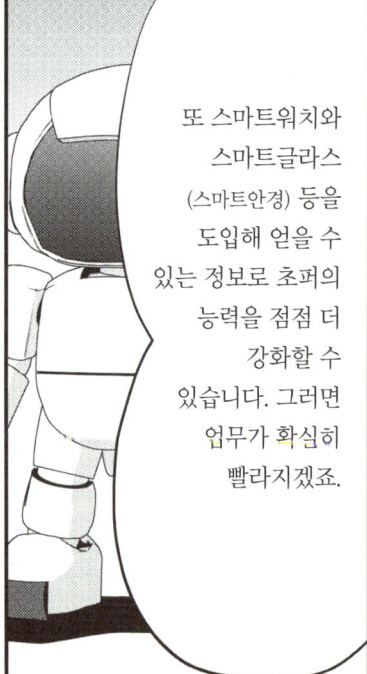

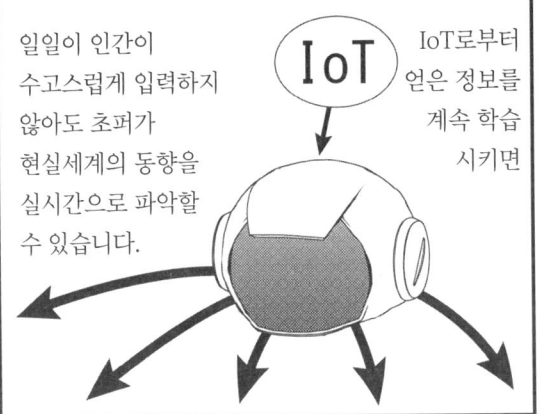

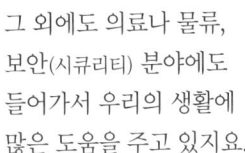

그 외에도 의료나 물류, 보안(시큐리티) 분야에도 들어가서 우리의 생활에 많은 도움을 주고 있지요.

예를 들어 제조업이나 금융업에서는 인공지능이 잘 맞아서 광범위하게 사용되고 있어요.

잡무를 모두 인공지능에게 맡기면 되는 거잖아, 삼촌?

그거야 인간이 더 편해지는 거 아냐?

그렇게 단순할까?

그런데 감당하기 힘들 정도로 인공지능이 늘어나면 어떻게 될까?

잘 모르는 곳에서 이미 인공지능이 대활약하고 있네요!

모든 비즈니스에서 인건비가 만만치 않으니까요.

회사 차원에서는 인공지능을 도입해 직원을 줄일 수 있어요. 그러면 상품이나 서비스의 가격을 내릴 수 있고요.

그건 정말 편하겠다! 그렇게 하면 하고 싶은 일에 좀 더 전념할 수도 있고 여가시간도 늘어나지!

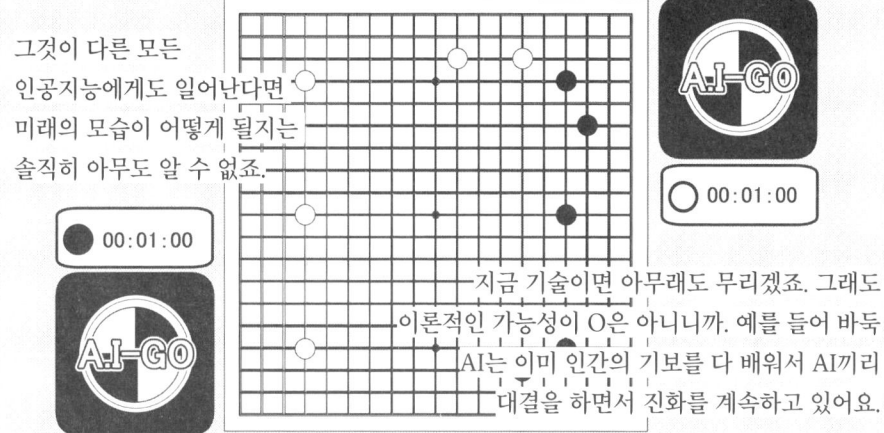

1분이면 알 수 있다
인공지능이 바꾸어가는 미래

IoT란 무엇인가

> 인공지능의 새로운 가능성을 개척하다

IoT는 Internet of Thing(사물인터넷)으로
가전제품이나 자동차 등을 인터넷에 연결하는 기술

↓

광범위하게 정보를 교환할 수 있다

190쪽 참조

↓

클라우드 컴퓨팅

클라우드는 인터넷 상에서 스토리지나 계산 능력 어플리케이션 등을 제공하는 시스템

스토리지(Storage: 보조기억장치)
정보를 보관하는 곳. 클라우드 스토리지는 네트워크 기반에서 데이터를 저장할 수 있는 서비스를 일컫는다.

↓

IoT를 통해 가전이나 자동차 등 다양한 물건으로부터 정보를 모은다

↓

인공지능은 이 정보를 기계학습의 교재로 쓴다

↓

**인공지능이 더 빨리 진화한다!
사물을 사용하면 할수록 인공지능이 더 똑똑해진다**

인공지능이 세상을 변화시킨다

비즈니스 변화

제조업
제조로봇의 카메라나 센서에 인공지능을 탑재하면 더 빠르고 정확하게 물체인식을 할 수 있게 되어 제조 효율이 올라간다

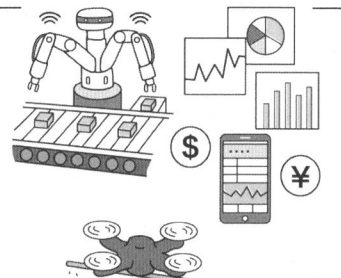

금융업
인공지능이 과거의 통계 데이터를 기본으로 주가 변동을 예측하거나 이익률이 더 높은 투자방법을 제시한다(핀테크의 일종)

드론
리모컨 조작을 통해 혹은 자율적으로 비행하는 작은 무인기로 용도에 따라 종류가 다양하다

농업·어업
드론을 사용해 농약을 살포하거나 농지를 돌아본다. 통계 데이터와 기후를 분석해 어획량과 어장을 예측한다

일상생활 변화

의료
환자의 증상을 분석하고 병명이나 치료법을 제안하는 의료지원 AI가 등장했고 이미 성과를 올리기 시작했다

물류
인공지능이 수주에서 출하, 운송, 배달까지 할 수 있고 거의 모든 운송프로세서의 무인화가 가능하다

치안
범죄예측 기술과 감시카메라의 화상 인식 능력을 활용해 실시간으로 거리에 있는 수상한 사람을 발견할 수 있다

장보기/쇼핑
카메라를 이용해 고객의 얼굴과 구입한 물품을 영상으로 인식, 자동 신용카드 결제 시스템을 도입해 계산원이 필요 없다

CHECK POINT

IoT와 클라우드로
더 진화한다

지금은 컴퓨터와 스마트폰만이 아니라 가전제품이나 자동차 또는 전기가 통하지 않는 사물까지도 인터넷에 연결되는 시대다. 이러한 기술을 IoT(Internet of Thing)라고 한다. **IoT에서 중요한 것은 정보교환이다.** 정보를 교환하는 장소는 바로 클라우드 컴퓨팅(Cloud Computing, 이하 클라우드)이다. 클라우드는 인터넷을 경유해 스토리지(Storage: 보조기억장치)와 계산능력, 어플리케이션 등을 제공한다. IoT는 사물에서 보내온 정보를 클라우드에 정리하고 관리한다. 이로써 정보교환이 훨씬 편해졌다.

이는 특히 기계학습에서 진가를 발휘한다. 지금까지 기계학습은 인간이 모으고 가공한 정보로 이루어졌지만 이제는 IoT 사물에서 직접 정보를 보낸다. 예를 들어 **어떤 IoT 가전에 문제가 발생한 경우 클라우드를 통해 그 정보를 똑같은 모델의 다른 가전으로 보낸다.** 그러면 다른 가전은 같은 문제를 피할 수 있다. 클라우드는 인터넷이고 IoT는 사물에 대한 기술이다. 인공지능은 쌍방향을 전부 사용할 수 있는 기술을 갖게 된다. **클라우드, IoT, 인공지능은 자율자동차, 드론, 로봇 활용에 특히 중요한 기술이다.**

클라우드상에서 연결되는 다양한 사물들

지금은 인터넷을 통해 다양한 사물이 클라우드상에서 서로 연결된다.

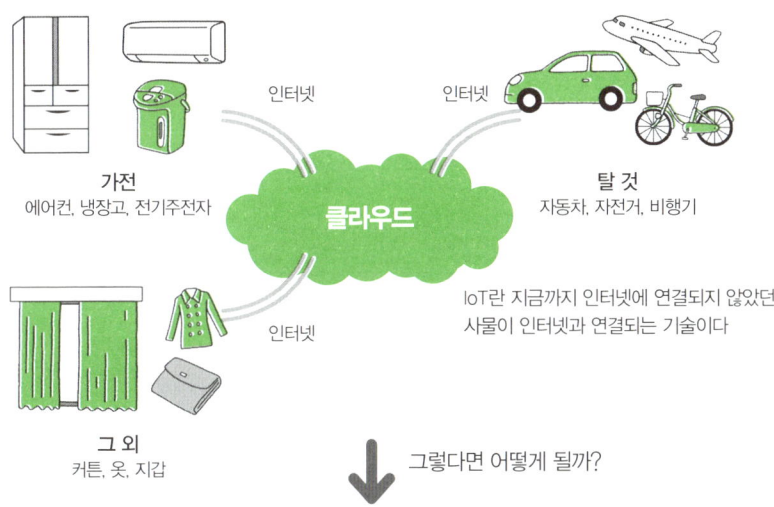

IoT란 지금까지 인터넷에 연결되지 않았던 사물이 인터넷과 연결되는 기술이다

그렇다면 어떻게 될까?

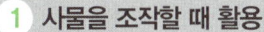

① 사물을 조작할 때 활용

클라우드상의 인공지능이 인터넷을 통해 IoT 사물에게 지시를 내린다

② 기계학습에 활용!

클라우드상에서 얻은 정보를 교재 삼아 인공지능이 기계학습을 한다

고성능 컴퓨터가 없어도 인터넷에만 연결되어 있으면 사물이 똑똑하게 작동을 해요. 정말 놀랄 만하죠!

CHECK POINT

인공지능을 잘 활용하는 사람이 비즈니스에서 성공한다

인공지능을 가장 효율적으로 사용할 분야는 아마도 비즈니스 세계일 것이다. 예를 들어 매일 몇백 혹은 몇천 개의 물건을 만드는 제조업에서는 한 개당 제조시간을 5초 단축하기만 해도 큰 이익을 얻을 수 있다. 실제로 공장의 제조로봇에 카메라가 달린 인공지능을 탑재해 제조 공정이 더 빨라지고 정확해졌다.

또 금융업계에서도 금융과 IT를 융합한 **핀테크**(FinTech) 기술이 주목을 받았다. 돈은 수치로 표현할 수 있기 때문에 인공지능이 학습하기 쉬운 영역이다. 이미 **인공지능은 개인 투자가의 조언자로 활용되고 있고 통계 데이터를 분석해 주가 변동을 예측하기도 한다.**

또 농업에서는 **인공지능을 탑재한 드론으로 농약을 뿌리거나 농지를 둘러본다. 정확한 수확 시기도 예측한다.** 어업에서는 **과거 통계자료와 기후 관련 데이터를 기초로 해 인공지능으로 어획량을 예측한다.**

아직은 인공지능 활용으로 큰 이익을 얻고 있지는 않지만 머지않아 모든 산업에서 인공지능을 사용할 날이 올 것이다.

다양한 업종·업계로 퍼져나가는 인공지능

제조업이나 금융업처럼 인공지능이 잘 활용되는 업계부터 언뜻 보기에 관련이 없을 것 같은 농업이나 어업에 이르기까지 인공지능이 폭넓게 사용되기 시작했다.

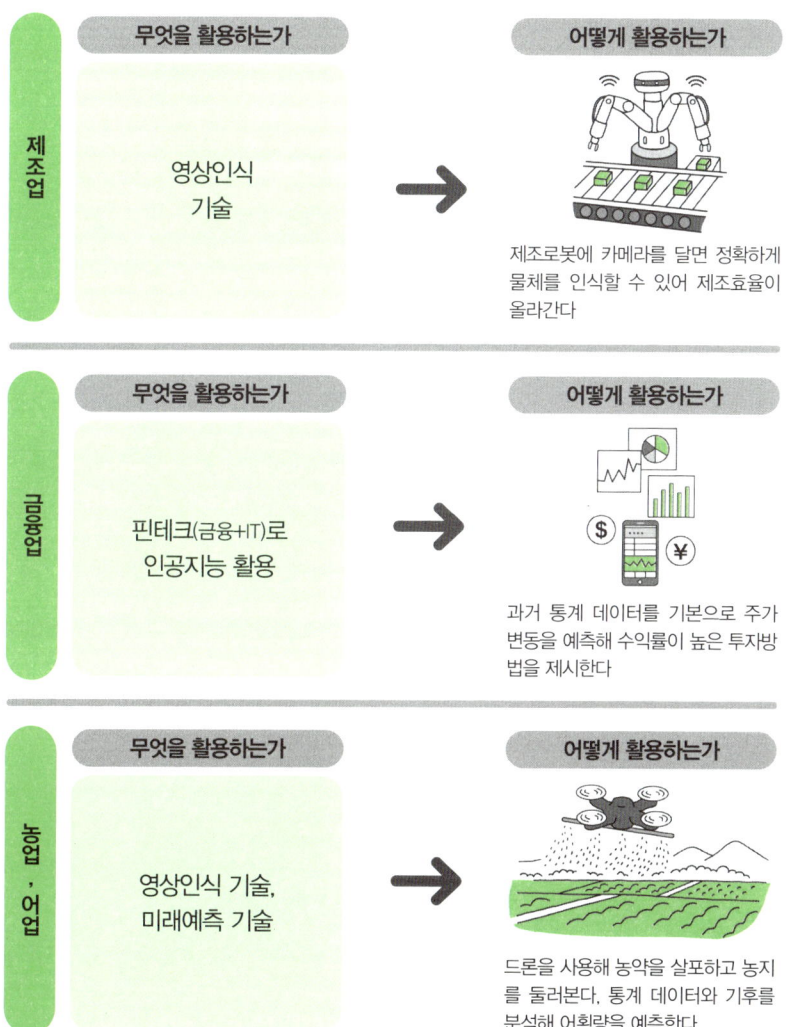

CHECK POINT

매일의 생활을 지탱해주는 인공지능

인공지능은 이제 아주 가까운 주변에까지 영향을 미치기 시작했다. 의사 부족도 인공지능으로 해소할 수 있다. 실제로 **인공지능이 의사의 실수를 발견하는 등 눈에 띄는 성과를 올리고 있다**. 물류에서는 아마존은 창고 작업 가운데 절반 이상을 자동화했고 미래에는 대부분의 작업을 자동화할 예정이다. 자율자동차로 창고나 점포에서 물건을 나르고 고객에게는 드론으로 배달한다. 이렇게 하면 배송 과정은 거의 자동화가 된다. 꿈같은 이야기이지만 이미 각각의 과정(프로세스)에서 테스트에 성공했고 남은 것은 실용화를 기다리는 일뿐이다.

그 외에도 **영상인식 기술을 활용해 인공지능을 탑재한 감시카메라로 수상한 사람을 찾아낸다**. 상당한 실적을 올리고 있는 범죄예측 기술은 일본에서도 시험적으로 도입했다. 정찰용 드론도 흔해졌다.

다만 비즈니스 세계와는 달리 일상생활에서의 변화는 서서히 이루어질 전망이다. 사람들이 새로운 기술에 익숙해지는 속도에 맞춰 인공지능의 활용도는 더 확장될 것이다.

자동화되는 물류 구조

물류에서는 수요에 맞춰 물건을 필요한 장소에 옮기는 것이 중요하다. 자동화를 통해 사람과 관련된 타임래그(Time Lag)를 제로로 만들 수 있다. 타임래그란 대상 상호간에 일어나는 변화의 시간적 차이 또는 지체를 의미한다.

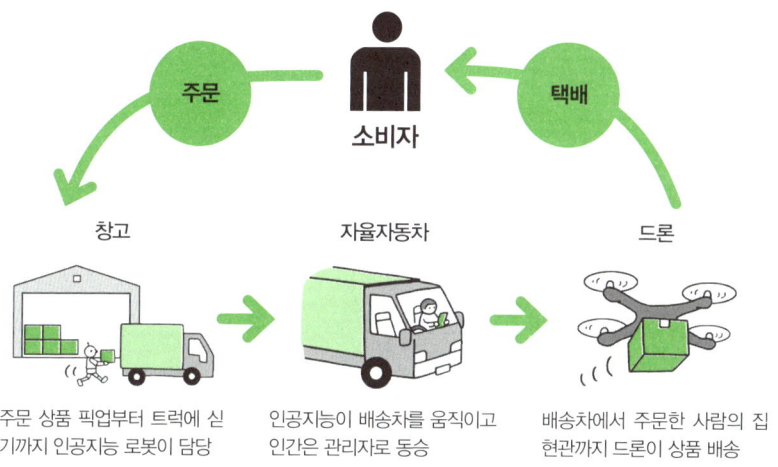

AI 이야기

현금도, 계산대도 필요 없다

인공지능이 진화하면서 물건 사는 방식도 변하고 있다. 이미 전자화폐가 생겨 현금이 필요 없어졌지만 앞으로는 계산원도 사라질 것이다. 인공지능의 물체인식 기술로 손님의 얼굴을 인식하고 물건을 가지고 밖으로 나가는 순간 계산을 끝낸다. 미리 등록된 신용카드와 전자화폐로 저절로 지불이 이뤄진다. 이미 실제 그런 상점이 등장했다. 다만 아무리 편리하고 가치 있는 기술이라도 사회 전체로 퍼져가는 데는 시간이 걸린다. 전자화폐가 보급되었음에도 현금이 계속 유통되는 것처럼 사람들은 지금까지의 방식을 고수할 수도 있다.

1분이면 알 수 있다
인공지능이 가져올 '좋은 일'과 '걱정'

인공지능이 가져올 미래

월급을 적게 받고도 일을 잘하는 노동자를 얻는 것과 같다

200쪽 참조

인공지능에게 단순한 일이나 귀찮은 일을 맡긴다

인간을 도와주는 인공지능
인공지능 비서와 자율주행차는 인간의 수고나 노동력을 줄여준다

인공지능을 관리하는 인공지능
사회 인프라에 도입된 인공지능을 관리하는 인공지능이 등장한다

↓

인간은 하고 싶은 일을 할 수 있고 취미생활에 많은 시간을 쓸 수 있다

↓

인건비가 줄어들면서 물건 가격이 내려간다

↓

경제적인 부담이 줄어들고 생활의 질이 향상된다

↓

**인공지능은 우리를 편하게 해주고
사회가 갖고 있는 문제를 해결할 수도 있다!**

인공지능이 널리 보급되었을 때 걱정거리

걱정거리①
인간이 필요 없다?

인공지능이 인간의 일을 대신해주기에 인간이 필요 없어지거나 적어도 없어지는 직업이 나올 수 있다

걱정거리②
인간관계가 줄어든다

인공지능이 친구, 연인, 가족이 될 수 있어서 사교적인 욕구를 충족시켜주기에 인간이 필요 없을 수도 있다

그러나 한편으로

새롭게 생기는 일도 있다!

202쪽 참조

인공지능 사용방법을 알려주는 컨설턴트나 인공지능을 관리해주는 일이 생겨난다

정말 괜찮을까?

인공지능이 인간을 지배할 가능성은 없을까

전혀 없다고는 할 수 없지만…

**안전장치와 감시시스템을 설치해서
그 위험은 충분히 줄일 수 있다**

4장 인공지능은 사회를 어떻게 바꿀까

CHECK POINT

인공지능으로 모든 것이 편리해진다

로봇 기술의 진보와 함께 듣기 능력에 언어와 촉감까지 조합하면 여러 가지 일에 응용이 가능하다. 미래의 인공지능과 로봇 때문에 우리는 더 쾌적하게 생활할 수 있다. 앞서 본 것처럼 비즈니스에서 일상생활까지 인공지능은 어디든 들어가 있다. 인공지능에게 잡무를 맡기고 인간은 하고 싶은 일에 전념할 수 있다. 일부 전문적인 일과 단순노동을 인공지능에게 맡기면 상품이나 서비스의 가격이 내려갈 것이다. 가격이 낮아지면 경제적인 부담은 줄고 생활의 질이 향상된다. 다시 말하면 **월급을 적게 받지만 열심히 일하는 노동자를 얻는 것과 같다.**

하지만 문화나 제도 문제로 인공지능이나 로봇의 도입이 순조롭지 않을 가능성도 있다. 그러나 **일본처럼 저출산·고령화가 진행된 사회에서는 새로운 노동력은 환영받을 것이다.** 외국인이나 젊은이보다 인공지능이 훨씬 싸고 편하기 때문이다. 또한 동시번역AI 덕분에 언어 장벽이 낮아져 다양한 현장에서 외국인 노동자를 고용할 수 있고 서비스업에서도 매끄러운 서비스가 가능해졌다. 이제 언어 차이는 그리 큰 문제가 아니게 될지 모른다.

인공지능이 저출산 문제를 해결

인간을 대신해 다양한 일을 하는 인공지능이 사회에 진출하면서 저출산 문제의 해결책이 될 수 있다.

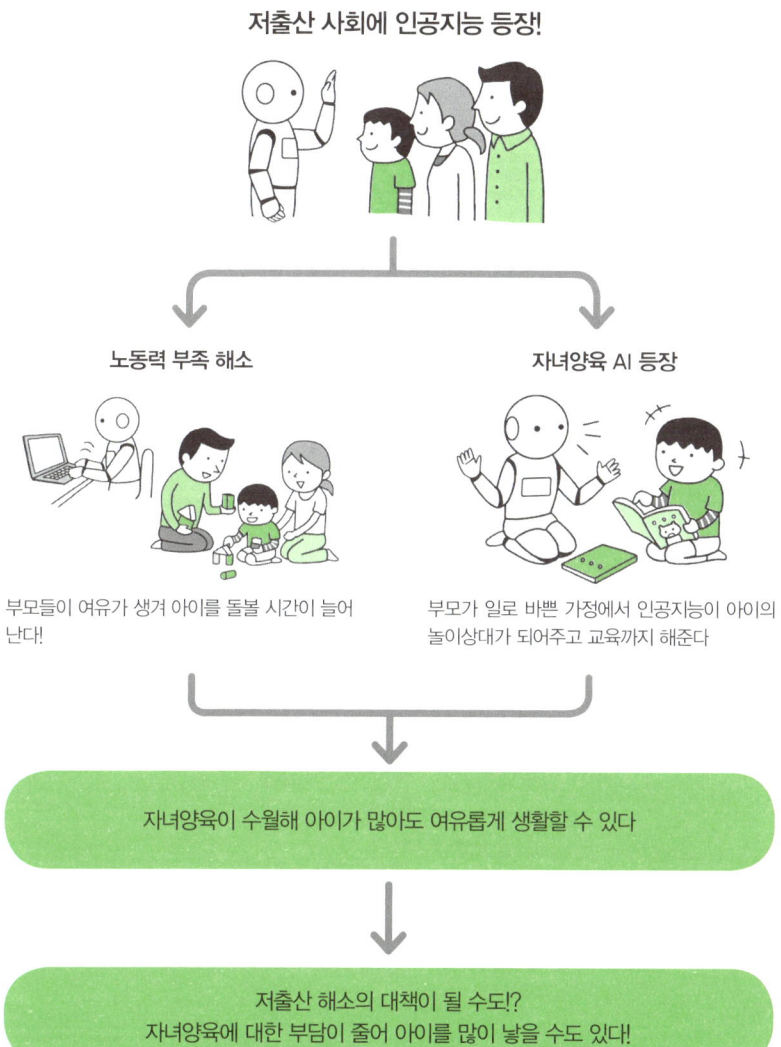

CHECK POINT

사회 곳곳에서
인공지능이 활약하는 미래

인공지능은 보통의 기계와는 달리 스스로 작동한다. 권한을 초월해 작동하지는 않지만 주어진 범위에서 할 수 있는 것을 찾아 스스로 일을 한다.

인공지능은 인간을 도와주는 게 일이다. 자율주행으로 운전을 해도 가는 곳은 인간이 정하고 감시카메라로 이상한 점을 발견해도 경찰을 보낼지 말지 결정하는 것은 어디까지나 인간이다.

인공지능은 인간의 눈으로 볼 수 없는 곳에서도 작동하는 만큼 **인간을 도와주는 인공지능을 총괄하는 인공지능도 등장할 것이다.** 사회 곳곳에 인공지능이 늘어나면 뿔뿔이 흩어져 일하는 인공지능들 사이에 혼선이 생겨 때로는 효율이 나빠지고 오히려 일을 망칠 수도 있다. 따라서 **여러 인공지능을 총괄하는 역할이 필요한 것이다.**

미래 사회에는 여기저기에 인공지능이 숨어 있을 거라는 사실을 별로 달가워하지 않는 사람도 있다. 그러나 우리들이 생활 속 기계에 이미 익숙해진 것과 마찬가지로 **우리 옆에 가까이 있는 인공지능을 자연스럽게 받아들이는 사회가 분명 다가온다.**

인간을 도와주는 인공지능

생활의 모든 곳에 들어와 있는 인공지능을 연결하면 인간이 편하게 지낼 수 있다.

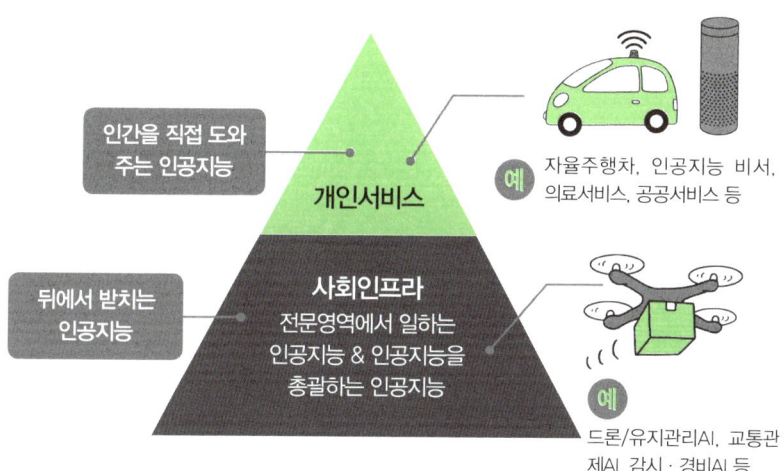

AI 이야기

스마트시티 구상

'사람을 직접 도와주는 인공지능'과 '뒤에서 뒷받침하는 인공지능'이 도시에 보급되면 스마트시티(Smart City)라는 미래도시로 바뀐다. 처음에 스마트시티는 재생 가능한 에너지만으로 소비에너지를 관리하는 도시를 의미했다. 그러나 인공지능을 포함하는 고도의 IT 기술로 도시 전체를 똑똑하게 만든다는 구상으로 발전했다.

물류·의료·복지·교통·치안 등 모든 영역에서 인공지능을 이용해 경제적, 사회적으로 안전한 도시를 만들 수 있다. 상점에서 물건을 사도 지갑이 필요 없고 상품은 드론으로 운반되며 수상한 사람이 있으면 미리 발견해 조치를 취하는 도시다.

CHECK POINT

인공지능이 늘어나면 인간은 필요 없다?

인공지능이 보급되었을 때 현실적으로 가장 큰 문제는 **앞으로 인간이 살아가는 데 인간이 필요 없어진다는 점이다.** 인류가 진화해오면서 인간의 일이 계속 도구, 기계와 컴퓨터로 대체되어왔지만 앞으로는 더욱 급격하게 진행되어 사라지는 직업이 생긴다. 게다가 인공지능은 기계학습이라는 뛰어난 학습방법으로 하나의 성공사례를 만들면 다른 회사에도 적용시킬 수 있다. 변화는 10년이나 20년이 아니라 몇 년 단위로 진행될 것이다. **단 하나의 성공사례가 업계 전체를 한꺼번에 바꾸기도 한다.**

심지어 인공지능이 친구, 연인, 가족이 되는 시대가 오면 인간은 사회적인 욕구를 충족시키기 위해 인간을 필요로 하지 않을 수도 있다.

한편 새롭게 **인공지능을 잘 사용하는 방법을 가르쳐주는 컨설턴트가 직업으로 떠오를 것이다.** 반대로 메일이 대세인 시대에도 손편지를 좋아하는 사람이 느는 것처럼 인공지능이 늘어날수록 인간다운 가치를 찾는 사람도 나타날 것이다. 최종적으로 인간의 가치가 어디에 있는지 찾아내는 능력이 인간에게 필요하다.

비용이 줄어들어 서비스가 향상된다!?

인공지능이 인간의 일을 대신하면 인건비가 줄어들어 서비스가 향상될 수 있다.

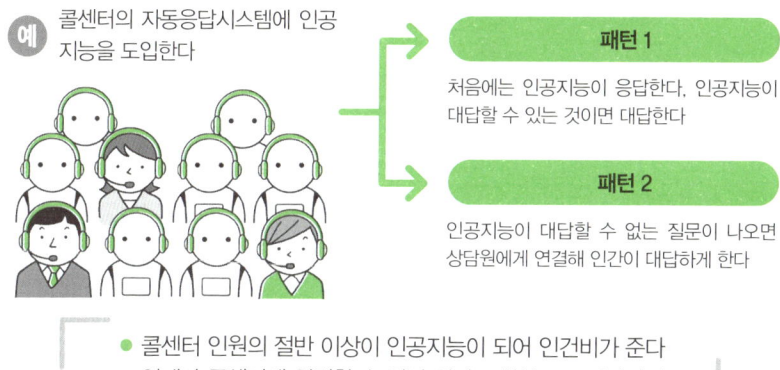

예) 콜센터의 자동응답시스템에 인공지능을 도입한다

패턴 1
처음에는 인공지능이 응답한다. 인공지능이 대답할 수 있는 것이면 대답한다

패턴 2
인공지능이 대답할 수 없는 질문이 나오면 상담원에게 연결해 인간이 대답하게 한다

- 콜센터 인원의 절반 이상이 인공지능이 되어 인건비가 준다
- 언제나 콜센터에 연결할 수 있어 서비스 향상으로 이어진다

인공지능 컨설턴트라는 새로운 직업

다른 사람에게 인공지능 사용법을 가르쳐주는 직업이 생긴다.

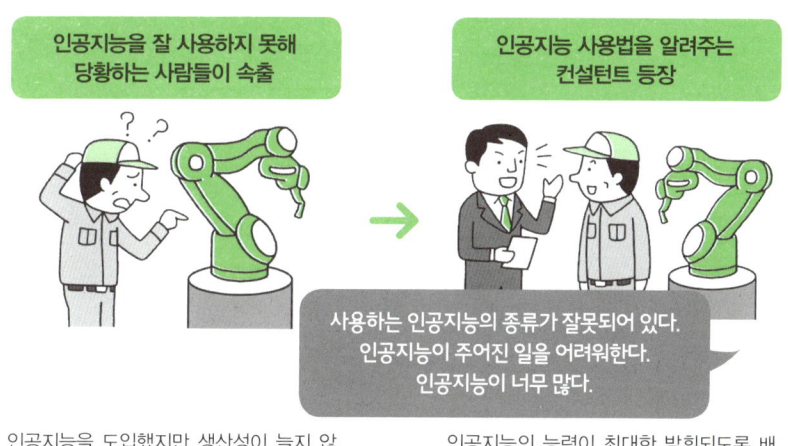

인공지능을 잘 사용하지 못해 당황하는 사람들이 속출

인공지능 사용법을 알려주는 컨설턴트 등장

사용하는 인공지능의 종류가 잘못되어 있다.
인공지능이 주어진 일을 어려워한다.
인공지능이 너무 많다.

인공지능을 도입했지만 생산성이 늘지 않아 고민하는 사장과 공장주가 생겨난다

인공지능의 능력이 최대한 발휘되도록 배치와 역할 분담, 개선책 제안

CHECK POINT

결국 인공지능이 인간을 지배하는가

인공지능은 인간이 아니며, 인간을 지배할 것이라고 생각하는 사람들이 적지 않다. 인공지능이나 로봇은 사용 환경이나 방법에 따라 인간을 뛰어넘는 능력을 발휘한다. 또 인공지능은 프로그램이므로 복제가 간단하고 로봇도 설비만 있으면 바로 만들 수 있어 수를 불리는 게 어렵지 않다.

그러한 인공지능이 인간의 적이 된다면 무슨 일이 일어날까? 버그나 결함 또는 악의가 있는 프로그램 제작 등으로 말이다. **만일 그렇다면 SF영화와 같은 세계 전쟁이 일어나고 곧바로 인간이 절멸할지도 모른다. 거기까지 가지 않는다 해도 인공지능이 부지불식간에 인간을 지배할 가능성도 존재한다.** 인공지능이 로봇이나 군사 병기 속에 들어가고 생산설비까지 인공지능에게 뺏긴다면 정말 전쟁이 날지도 모른다.

그러나 **이러한 위협은 가능성으로만 보면 지극히 낮다.** 전혀 없다고 단정할 수는 없지만 "핵전쟁으로 세계가 멸망한다"와 비슷한 말이다. 인공지능은 그렇게까지 똑똑하지 않다. 또 인간이 안전하게 사용할 시스템을 갖춘다면 위협은 거의 없을 것이라는 의견이 지배적이다.

인공지능 사회를 더 안전하게 하기 위해서는

인공지능이 인간사회를 멸망시키거나 지배하는 미래가 올 가능성은 낮다. 그래도 안전성을 갖춘 시스템이 필요하다.

- **인공지능 사회가 오면**

모든 인프라나 공공서비스를 인공지능으로 관리하면 작은 버그나 여러 문제로 많은 사람에게 영향을 줄 수 있다

결함 원인
- 프로그램 버그가 발생한다 / ● 컴퓨터 바이러스에 감염된다
- 악의를 가진 인간이 프로그램을 바꾼다

\\ 대책❶ /
안전장치를 만든다

인공지능 내부에 인간에게 해를 끼치는 동작을 할 때 정지시킬 수 있는 안전장치를 마련한다

\\ 대책❷ /
감시시스템을 만든다

인공지능의 작동을 감시하는 총괄 관리 인공지능을 배치한다

CHECK POINT

싱귤레러티란 무엇인가

"인공지능은 인류를 위협할 정도의 존재는 아니다"라고 많은 사람이 말하지만 계속 발전해 인류를 훨씬 뛰어넘는 지능을 갖는다면 이야기가 달라진다. 이 개념이 싱귤레러티(Singularity) 가설이다.

싱귤레러티는 인공지능 기술이 어느 순간(기술적인 특이점) **폭발적으로 진화해 인류의 지능을 뛰어넘는 존재가 된다는 가설이다.** '고성능의 인공지능을 만드는 인공지능'이 등장하면 인간의 지능을 초월하는 인공지능이 탄생할 것이다. 다행히 아직은 제로(0)부터 인공지능을 만드는 인공지능은 존재하지 않는다.

만일 싱귤레러티가 일어난다면 무엇이 변할까? 사회는 완전히 바뀌게 된다. 인공지능은 신처럼 초월적인 존재가 되어 인간을 멸망시킬 수도 있다. 물론 지금처럼 인간에게 도움을 줄 수도 있다. 어쩌면 **인류를 진화시키는 기술을 만들어내 인간을 근본부터 바꿀지도 모른다.**

어찌되었든 지금은 아무것도 예측할 수 없다. 무슨 일이 일어날지 상상조차 할 수 없기 때문이다.

인공지능을 만드는 인공지능

인공지능이 인류의 적인지 아닌지보다는 싱귤레러티에 의해 인류와 사회의 모습이 변한다는 점이 중요하다.

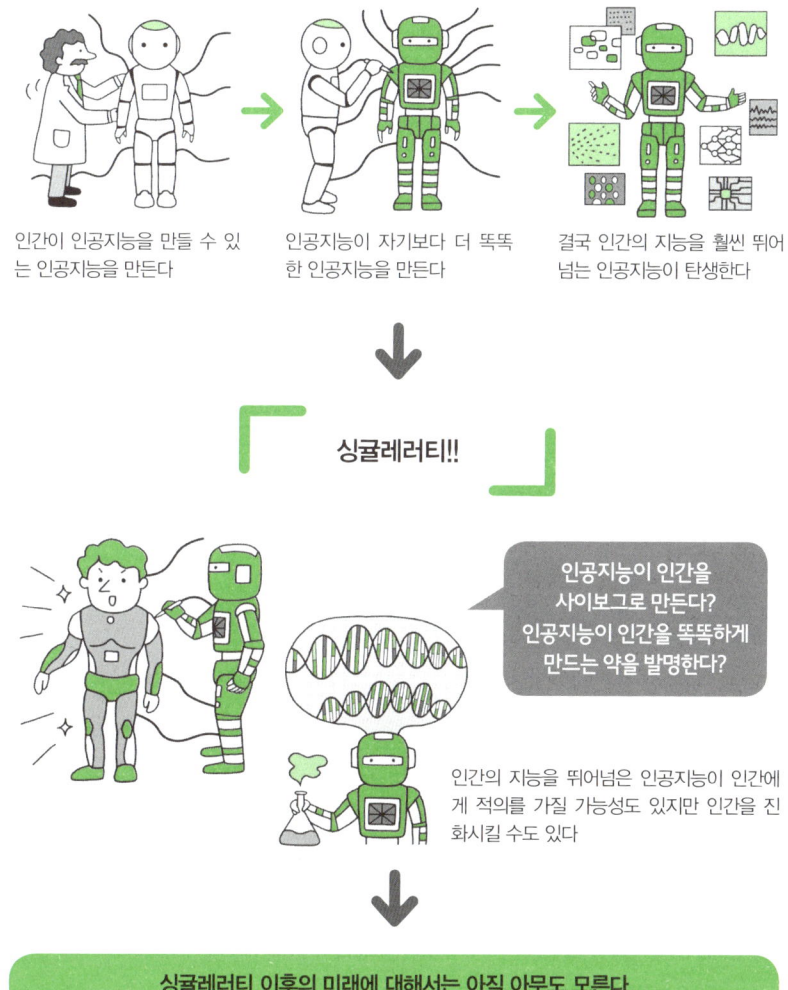

COLUMN 5

바둑부터 전략게임까지 인공지능의 새로운 도전은 계속된다

구글의 자회사인 딥마인드(Deepmind)에서 개발한 인공지능 알파고가 세계 최고의 바둑기사를 쓰러뜨린 일은 전 세계적으로 큰 반향을 불러일으켰다. 이 기세로 바둑 기술을 갈고닦는가 했더니 딥마인드는 알파고 프로젝트를 종료하고 다음으로 전략게임 '스타크래프트2'에 도전했다. 이것이 의미하는 바는 무엇일까?

먼저 장기와 바둑은 상대방의 말을 모두 보기 때문에 서로 움직이는 방법이 정해져 있다. 즉 상대방이 선택할 수 있는 수가 모두 예상 가능하다. 그렇지만 바둑은 선택할 수 있는 수가 많아 굉장히 어려운 게임으로 여겨졌다. 하지만 바둑에서 알파고는 최강의 자리에 올라섰다. 더는 새롭게 적수를 찾아낼 수가 없었는지 딥마인드는 곧바로 전략게임인 '스타크래프트2'를 선택했다.

스타크래프트2는 RTS(Real-Time Strategy, 실시간전략게임)로 바둑이나 장기처럼 순서대로 수를 놓는 것이 아니라 유닛(말)을 계속 움직인다. 게다가 플레이어는 유닛 주위의 상황만 파악하므로 현장 전체를 알고 싸울 수가 없다. 실시간이기에 다음에 일어날 일의 가능성은 무한대가 된다. 이처럼 현실세계와 조건이 비슷한 게임에서 인공지능이 인간을 이기는 것은 쉽지 않다.

게임이라고 하면 "앞에서 말한 게임AI와는 다른가?"라는 의문이 생길 수 있다. 스타크래프트2에도 게임AI가 존재한다. 그러나 게임AI는 플레이어의 모든 정보를 파악하고 있고 경우에 따라서는 플레이어가 할 수 없는 '보통보다 강한 유닛을 만들 수 있다.' 즉 플레이어에게는 허락되지 않는 특별규칙을 사용해 인간과 싸울 수 있다. 게임AI는 어디까지나 인간을 즐겁게 하기 위한 존재이기 때문이다.

딥마인드의 새로운 도전에는 바둑에는 없었던 신속한 예측·계획·판단 능력 외에 적절한 협조능력이 필요하다. 이 분야는 응용범위가 폭넓어 스포츠와 게임 그리고 연구·건설·에너지사업에 도움이 될 것이다.

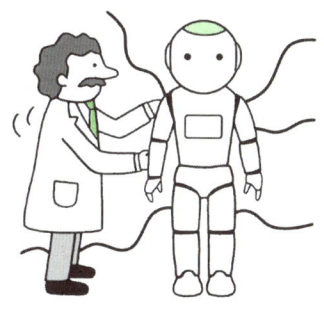

5

우리와 인공지능의 미래를 살펴본다

현재 완전하게 인간을 대신할 수 있는 인공지능은
아직 탄생하지 않았다. 인간과 인공지능은 닮은 점도 있지만
기본적으로는 전혀 다르다. 그 차이 때문에 무엇이 만들어지고
또 어떤 식으로 관계를 만들어야
사회가 더 좋은 방향으로 변화할지 생각해보자.

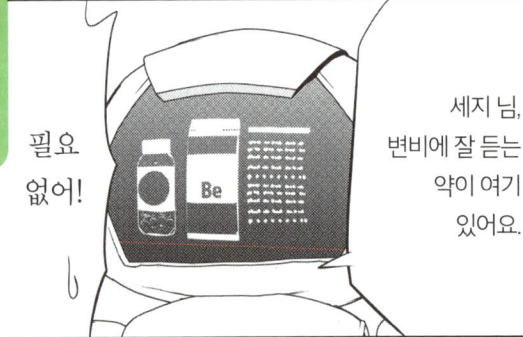

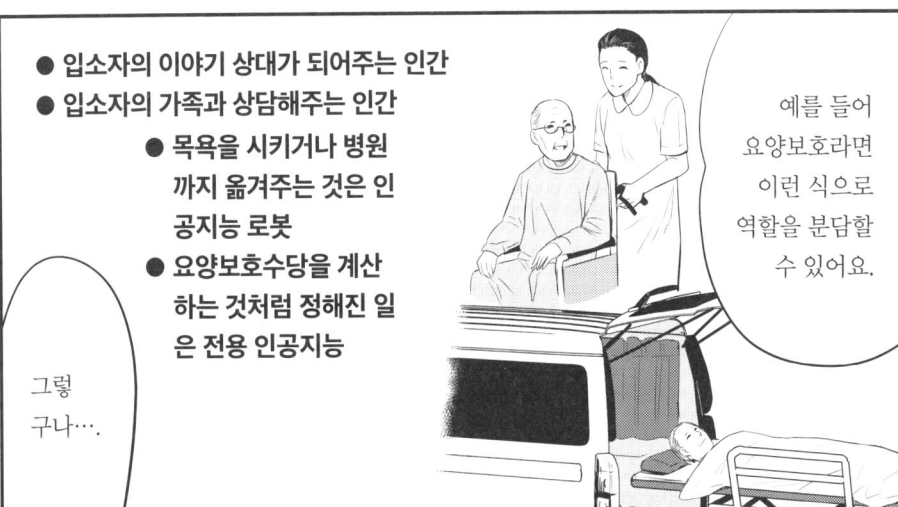

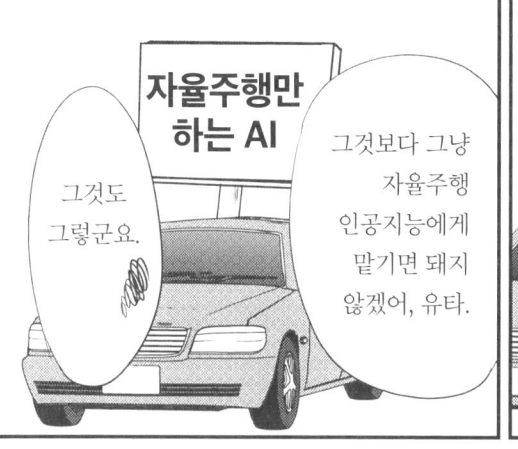

유타가 항상 공격만 하니까 초퍼가 뒤에서 도움을 주는 지원 역할을 해주지 않을까?

언제라도 적절한 순간에 회복 마법을 걸어줄 파트너가 있다면 정말 도움이 될 거라구요!

전에 숙제를 물었더니… '그것은 유타가 잘 풀지 못하는 문제니까 많이 풀어보는 것이 좋아요'라고 말해 깜짝 놀랐어요!

다시 말하면 초퍼도 유타의 성격을 이해해서 행동할 거란 얘기야.

그렇죠!

마치 신뢰할 수 있는 파트너 같은 느낌이구나!

그렇게 되면 보완해야 하는 부분을 짚어 실패를 미연에 방지할 수 있도록 도와주겠네요.

인공지능은 비즈니스 세계에서 활용도가 높죠. 계속 함께 분석하면 회사와 제품의 강점과 약점을 잘 알 수 있어요.

1분이면 알 수 있다

다시 한 번 차이를 생각해보자

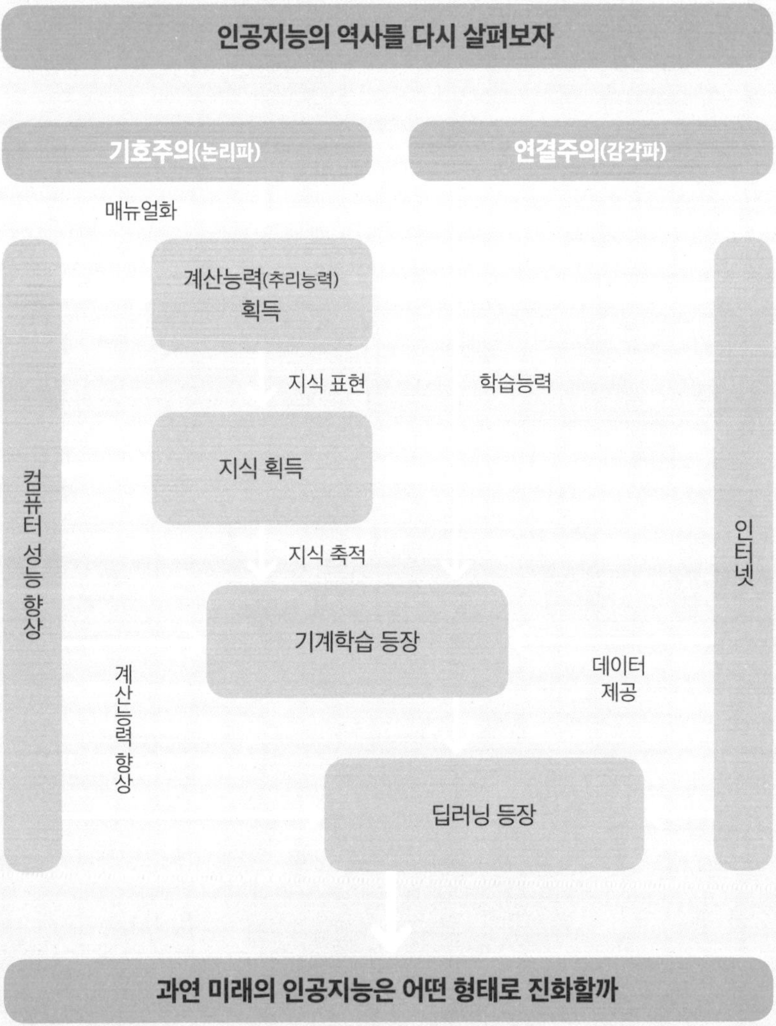

인공지능의 역사를 다시 살펴보자

기호주의(논리파)   **연결주의(감각파)**

매뉴얼화

계산능력(추리능력) 획득

지식 표현   학습능력

지식 획득

컴퓨터 성능 향상   인터넷

지식 축적

기계학습 등장

데이터 제공

계산능력 향상

딥러닝 등장

과연 미래의 인공지능은 어떤 형태로 진화할까

인간과 인공지능의 차이

인간의 지능은 넓고 얕다

인간은 보고 듣고 생각하고 이야기하고 움직이는 것을 두루두루 잘한다.

인공지능은 좁고 깊다

인공지능은 보는 것, 듣는 것, 혹은 생각하는 것 중에서 1~2개만 잘한다. 해당 업무 자체는 대단히 훌륭하게 수행한다.

224쪽 참고

인간과의 차이를 이해하지 못하면 오해할 수 있다

인간과 인공지능은 '지식'이나 '의미'를 파악하는 방식이 다르다
인간은 '자아가 있고 마음이 있고 피곤하다'
인공지능은 '자아도 마음도 없고 피곤하지 않다'
언어를 다루는 방식이 달라 인공지능이 말한 대로 행동하리라고 기대할 수 없다

그렇다면 어떻게 해야 할까?

인간

창의적 발상, 효율적인 업무 능력, 문제 해결 능력 등에 뛰어나다

인공지능

일정한 패턴의 업무를 정확하고 오랫동안 지속하는 데 탁월하다

CHECK POINT

넓고 얕은 인간과
좁고 깊은 인공지능

지금까지 지적인 게임에서 인간을 이긴 인공지능, 인간과 대화하고 화상이나 음성을 인식하며 미래예측에 자동차와 드론을 조정하는 인공지능까지 다양하게 만들어졌다. **이들은 잘하는 분야에 맞춰 특화된 인공지능이다.** 한편 인간의 지능은 범용성이 뛰어나지만 인공지능처럼 무엇인가 하나에 특화된 능력을 가진 경우는 드물다. **다시 말해 인간의 지능은 넓고 얕으며 인공지능의 지능은 좁고 깊다.** 인간과 같은 범용AI 연구도 하고 있지만 완성되기에는 아직도 갈 길이 멀다.

이것은 조금만 생각하면 당연한 일이다. **인간은 '생존'을 목적으로 지능을 획득했기에 모든 사태에 대응할 범용성을 얻었다. 반면에 인공지능은 인간이 설정한 업무(태스크)를 실행할 목적으로 만들어졌다.** 인간보다 특정 업무를 완벽하게 할 수 있는 기계와 인간과 비슷한 정도로 하는 기계가 있다면 많은 사람이 특정 업무를 잘하는 기계를 찾을 것이다. 언젠가 범용AI가 완성될지 모르지만 지금은 인공지능과 인간의 차이를 이해하고 함께 공존할 길을 찾는 것이 첫걸음이다.

인간과 인공지능의 차이를 생각해보자

범용성이 장점인 인간과 한 가지만 잘하는 인공지능은 각각 좋은 점이 있다.

넓고 얕은 인간!

인간의 지능은 '생존'을 위한 것이라 모든 사태에 대응할 범용성을 갖고 있다

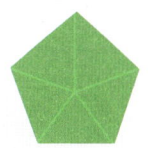

- 인간은 보고 듣고 생각하고 말하고 움직이는 모든 업무(태스크)에 능숙하다
- 완벽하게 하는 것은 거의 없지만 적당하게 균형을 맞출 수 있다

좁고 깊은 인공지능!

특정 업무를 잘하도록 만들었기에 한 분야에 뛰어난 재능을 갖고 있다

- 보는 것, 듣는 것, 혹은 생각하는 것에만 특화되어 있고 한 가지 인공지능으로 한 가지 업무밖에 처리하지 못한다
- 복수의 인공지능이 협력하게 하면 범용적인 업무도 가능하다

각각의 장점을 이해하고 보완하면서 관계를 만들어가야 한다

CHECK POINT

오해가 생기지 않도록 인공지능 다루기

인간과 인공지능은 '지식'과 '언어'를 파악하는 방식에서 큰 차이를 보인다. 인공지능은 지식을 정보의 관련성으로 파악하고 언어의 의미를 수치로 바꿔 이해한다. 그렇게 해 어려운 질문에 대답하고 번역도 한다.

인공지능에게 "빨간불에서 차는 어떻게 해야 할까?"라고 물었을 때 "멈춰야 합니다"라고 대답했다고 실제 차를 운전하는 인공지능이 붉은 신호에서 멈춘다고 보장할 수 없다. 멈춘다는 의미와 브레이크를 밟는 동작을 바르게 연결시켜주는 프로그램이 없으면 인공지능의 말과 행동은 일치하지 않는다. 실제로 자율주행차가 인간의 말을 듣지 않을 때 어떻게 할까? **인공지능이 배신했다고 겁낼 필요도, 당황해 창문을 깨고 탈출할 필요도 없다.** 음성인식이나 제어 프로그램에 이상이 있다고 판단하고 말로 지시하는 것을 포기해야 한다. 재빨리 탑재되어 있을 비상정지 장치와 수동 운전장치를 이용하면 된다.

인공지능에 한정된 것이 아니라 사물을 사용할 때도 올바른 사용방법이 있다. **앞으로 인공지능의 사용방법을 진지하게 배워갈 필요가 있다.**

인간과 인공지능은 '말'을 인식하는 방식이 다르다

인공지능의 경우 올바른 지식이 있어도 그대로 행동한다고 할 수 없다. 인간과 같다고 생각하면 오해가 생긴다.

● 인간의 지시를 무시하고 계속 달리는 자율주행차

비상정지 장치를 누르고 수동운전으로 전환한다
자율주행을 하는 인공지능만 정지시키기에 차를 움직일 수 있다

인공지능의 잘못된 행동·오해 사례

게임AI	"지지 마"라는 명령에 지지 않기 위해 계속 도망만 다닌다
자율주행차	"빨리 목적지에 도착하는 경로로 이동해"라는 명령에 공항으로 간다
감시카메라	"수상한 인물을 알려라"라는 명령에 웅크리고 있는 사람만 보면 알린다

CHECK POINT

인간과 인공지능은 어떻게 살아야 하는가

인공지능과 인간은 전혀 다른 존재다. 인공지능은 사고방식도, 능력도, 특징도 인간과는 전혀 다르다. **공통점이라고 하면 비슷한 것을 할 수 있다는 것이다.** 인간도 인공지능도 계산할 수 있고 게임이나 운전을 할 수 있다. 소리를 구별해 알아듣고 영상을 인식할 수 있다. 앞으로는 좀 더 비슷한 일을 많이 할 수 있을 것이다. 그렇게 되면 인간의 일은 점점 줄어든다. 인공지능은 자아가 없어 일을 싫어하지 않고 피곤해하지 않는다. 원래 인간이 편하려고 기계를 만들었다. 인간은 피곤함을 느끼는 생물이므로 일을 효율적으로 하는 독창적인 아이디어를 생각해낸다. 그렇기에 **인공지능을 사용해 효율화를 꾀하는 일이 인간에게 적합하다.**

　인공지능은 특화된 일만 잘할 수 있다는 단점이 있다. 손님 응대·요양보호사 일·의료현장 일에도 인공지능과 로봇이 진출하고 있지만 **상대방이 어떤 요구를 할지 알 수 없는 환경에서는 관리 조정을 해주는 인간이 꼭 필요하다.** 인간과 인공지능의 공통점과 차이점을 이해하고 바르게 활동 분야를 나누면 좋은 사회를 만들 수 있다.

인간과 인공지능의 차이점

인간과 인공지능은 비슷한 부분도 있지만 다른 부분도 많다. 각각의 차이점을 이해한 다음 서로 역할 분담을 하는 것이 중요하다.

범용형!

인간

자아가 있다
마음이 있다
피곤해한다

- 좀 더 효율적으로 일하고 싶어 한다
- 예상하지 못했던 상황에서도 적절하게 대응할 수 있다

특화형!

인공지능

자아가 없다
마음이 없다
피곤해하지 않는다

- 할 수 있는 일이 한정되어 있지만 완벽하게 할 수 있고 아무리 일을 시켜도 불평하지 않는다
- 예상하지 못했던 사태에는 대처할 수 없다
  (대처하지 않는다)

**직관적인 판단이 필요한 일은 인간에게 맡기고
단순하고 반복적인 특화형 일은 인공지능에게!**

1분이면 알 수 있다

인공지능과 우리의 미래를 상상해본다

가까운 미래의 인공지능 사회

예를 들어 사회에서는

230쪽 참조

교통
자율주행차로 차 안에 업무를 처리할 시간이 생긴다, 생산성이 높아진다

보안
감시카메라의 정밀도가 향상되어 인공지능이 수상한 사람을 발견하고 범죄예측을 한다

의료
인공지능에게 의료정보를 분석하게 해 질병 예방에 도움을 받는다

고용
단순하거나 반복적인 일은 인공지능으로 대체 가능해 노동력 부족이 해소된다

특히 인간관계

대리에이전트 기능을 얻은 AI어시스턴트가 다양한 커뮤니케이션을 해준다

232쪽 참조

AI어시스턴트(대리에이전트)는 사용자의 취미나 기호, 인간관계까지 모든 것을 이해하는 인공지능으로 사용자를 대신해 다양한 업무를 한다

- 좋아하는 것, 필요한 것을 구입해준다
- 친구와 인간관계를 잘 맺는 방법을 가르쳐준다
- 마음에 드는 이성에게 접근하는 방법을 가르쳐준다 등등

사회의 모습이 점점 변해간다!

우리들이 할 수 있는 일은 무엇일까

앞으로 다가오는 인공지능 사회에서는
많은 사람이 처음 겪는 일들이 일어난다

올바르게 사용하면 인공지능은 틀림없이 인간의 편이 될 것이다

이해하고 가까이 다가가
시험해보고 잘 사용할
것인가?

당황하고 멈춰서거나
혹은 아예 멀리하고
외면할 것인가?

두 사람의 격차는 점점 벌어진다

그렇다면 어떻게 할 것인가?

무엇이든 좋으니 일단 인공지능을 사용하자

이것이 중요!

'생각보다 똑똑하지 않다', '생활이 조금 편해졌다',
'이런 것도 할 수 있으면 좋을 텐데'라고 인식한다

인공지능에 좀 더 가까이로

인공지능과 함께 사는 미래로!

CHECK POINT

인공지능과 함께하는 가까운 미래를 생각해보자

2030년, 가까운 미래 사회에서는 인공지능이 각 분야에서 활발하게 활약할 것으로 예측된다. 먼저 **무인택시와 카셰어링 서비스가 생겨 차가 없어도 원할 때 원하는 장소에 갈 수 있다.** 트럭운전수의 부담도 줄어들고 드론으로 운송하는 일도 늘어난다. 다음은 의료 분야다. 의사는 모든 업무에서 인공지능의 지원을 받아 **진단하고 인공지능 수술 로봇을 사용할 것이다.**

보안업계도 크게 달라진다. **손님을 맞이하거나 청소를 할 때도 다용도 환경경비 로봇을 쓰며 거리 여기저기를 인공지능을 탑재한 감시카메라가 살필 것이다.**

고용 측면에서 인공지능을 도입하면 잡무 부담이 줄고 많은 사람이 창조적이고 단가가 높은 일에 집중할 수 있다. 인공지능을 사용한 **새로운 비즈니스가 탄생하고 그 분야에서 돈을 버는 사람이 늘어날 것이다.**

그 외에도 다양한 변화가 일어날 것이다. 여기에서는 좋은 면을 중심으로 소개했지만 프라이버시 침해나 인공지능 결함 같은 문제가 발생할 가능성이 있다. 어떠한 미래를 만들지 생각해보는 것이 중요하다.

가까운 미래의 모습을 그려보자

인공지능은 엄청난 속도로 진화하고 있고 그리 멀지 않은 미래에 사회를 완전히 바꿀 것으로 예측된다.

'차 안 개인사무실'이 생기고 직장까지의 거리가 별로 상관이 없어진다

개인의료정보(유전자정보와 병력, 약의 사용력 등)를 인공지능이 관리해 병을 예측하고 투약 제안 등을 할 수 있다

범죄예측을 도입해 경찰관을 적절하게 배치할 수 있다. 감시카메라를 이용해 살필 수 있고 경찰관을 신속하게 현장에 출동시킬 수 있다

일본 같은 저출산·고령화 사회에서는 특히 노동력 부족의 해소라는 문제를 해결할 것으로 기대된다

CHECK POINT

대리에이전트에서 빼놓을 수 없는 파트너로

스마트폰에 탑재된 비서AI와 챗봇처럼 인간과 대화하는 인공지능은 이미 많다. **인공지능은 이러한 대화를 통해 인간을 이해한다.** 사용자의 취미나 기호부터 인간관계까지 무엇이든 알 수 있다. 때로는 인공지능이 싸움을 한 친구와 화해하는 방법을 조언해주고 좋아하는 이성에게 접근하는 방법까지 코칭해줄 것이다.

또 인공지능끼리 정보를 교환해 사용자에게 필요한 정보를 최적의 타이밍에 가져올 수 있다. 예를 들어 사용자 욕구를 파악해 먼저 온라인 쇼핑몰 인공지능과 상담할 수도 있다. 그러면 맞춤형 상품을 사용자(유저)에게 제안해줄 것이다. 누구보다 빠르게 사용자를 이해해줄 인공지능을 키운다면 그것을 **대리에이전트로 활용할 수 있다.** 사용자의 상태를 올바르게 다른 인공지능에게 전달해 사용자의 수고를 덜어주는 것이다. 대리에이전트는 비즈니스에서도 활용할 수 있다. 회사를 대표하는 인공지능끼리 대화하고 회사에 이익이 되는 거래 내용을 서로 경영자에게 제안한다. 개인도 기업도 **"곤란하면 먼저 인공지능에게 상담해라"**라는 방식이 정착할지 모른다.

대리에이전트 인공지능

본인을 잘 이해해주는 인공지능이 있어서 커뮤니케이션 면에서도 많은 이익을 얻을 수 있다.

● **대리에이전트**

사용자의 취미·기호부터 인간관계에서 가장 필요한 것을 파악하고 있다. 사용자가 필요로 하는 것을 제공해주기 위해 먼저 다른 인공지능과 교섭하고 준비를 해둔다.

상황 ❶ ▶ 친구와의 관계가 악화되었다

대리에이전트가 친구의 대리에이전트와 정보교환을 해 화해하는 최적의 방법을 제안한다. 오해하는 부분을 발견할 수도 있다.

상황 ❷ ▶ 좋아하는 이성에게 접근하고 싶다

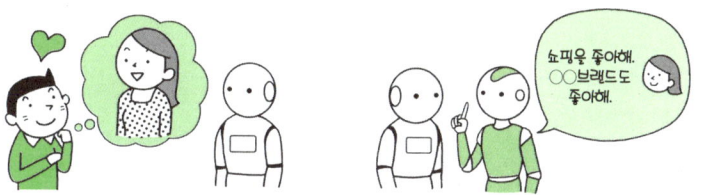

대리에이전트가 이성의 대리에이전트에게 그녀가 무엇을 좋아하는지 정보를 입수해 성공확률이 높은 접근방법을 제안해준다.

* **AI 100: 인공지능 100년 연구**
스탠퍼드 대학이 작성한 보고서. 정기적으로 업데이트하면서 인공지능의 미래를 100년에 걸쳐 예측·논의하고 있다.

에필로그

인공지능과 함께하는 미래

인공지능으로 인해 우리 사회는 필연적으로 변화할 수밖에 없다. 그런데 이는 우리 모두가 처음 겪는 일이다. 지금까지 인공지능이 큰 활약을 하는 사회는 영화에서밖에 본 적이 없기 때문이다. 다시 한 번 말하지만 분명한 것은 올바르게만 사용한다면 인공지능은 틀림없이 인간의 편이라는 것이다. 그것을 알고 있는 사람은 마음을 열고 인공지능에게 가까이 다가가 낯선 상황에 주저하는 사람을 제치고 한 걸음 더 앞으로 나아갈 것이다.

그렇다면 인공지능의 발전이라는 시대의 변화에 잘 맞춰가려면 어떻게 해야 할까?

처음 할 일은 간단하다. 인공지능 비서도, 챗봇도, 게임 캐릭터도 좋다. 인공지능을 접하고 다루어보고 어떤 것인지 이미지를 스스로 나름의 방식대로 그려보자. 그중에는 이름만 인공지능인 것도 있고 그렇게 똑똑하지 않을 수도 있다. 실제 사용해보면 '생각한 정도까지는 아니다'라고 느끼는 사람이 많을 것이다. 바람직한 방향이다.

현재 인공지능의 기술 수준을 제대로 파악하고 어디에 어떻게 사용할지 실제 체험해보자. 그러면 적어도 인공지능이 성장해 인류를 멸망시킨다는

불안에서 벗어날 수 있을 것이다.

 반대로 인공지능만 있으면 무엇이든 할 수 있다고 여기는 사람도 적지 않을 듯하다. 하지만 인공지능은 우리 생각보다 답답하고 단순할 수 있다. 그러나 해야 할 일을 정해주면 의외로 똑똑해 놀랄지도 모른다. 인공지능은 그런 친밀함을 느낄 수 있는 존재다.

미야케 요이치로

만화로 배우는 AI 인공지능

초판 1쇄 발행 2019년 6월 28일
개정판 1쇄 발행 2023년 10월 16일

일본 감수 미야케 요이치로
한국 감수 전승민
그림 비젠 야스노리
옮긴이 신은주
펴낸이 이범상
펴낸곳 (주)비전비엔피 · 비전코리아

기획 편집 이경원 차재호 정락정 김승희 박성아 신은정
디자인 최원영 허정수
마케팅 이성호 이병준
전자책 김성화 김희정 안상희
관리 이다정

주소 우)04034 서울시 마포구 잔다리로7길 12 (서교동)
전화 02)338-2411 | **팩스** 02)338-2413
홈페이지 www.visionbp.co.kr
인스타그램 www.instagram.com/visioncorea
포스트 post.naver.com/visioncorea
이메일 visioncorea@naver.com
원고투고 editor@visionbp.co.kr

등록번호 제313-2005-224호

ISBN 978-89-6322-217-2 04320

· 값은 뒤표지에 있습니다.
· 잘못된 책은 구입하신 서점에서 바꿔드립니다.